Gebete der Völker

Gebete aus Afrika, Asien,
Lateinamerika und Ozeanien

Gebete der Völker

Gebete aus Afrika, Asien
Lateinamerika und Ozeanien

herausgegeben von
Michael Meyer
und Klaus Vellguth

Umschlag: Pablo Sanaguano, Erntedank © missio Aachen

Ein spirituelles Angebot von missio:

Weitere Angebote finden Sie unter www.missio-hilft.de

1. Auflage 2013

Copyright © 2013 by EOS Editions Sankt Ottilien
mail@eos-verlag.de
www.eos-books.com

ISBN 978-3-8306-7627-0

Bibliografische Information der Deutschen Bibliothek
Die Deutsche Bibliothek verzeichnet diese Publikation in der Deutschen Nationalbibliografie;
detaillierte bibliografische Angaben sind im Internet unter http://dnb.ddb.de abrufbar.

Alle Rechte vorbehalten.
Kein Teil des Werkes darf in irgendeiner Form (durch Fotografie, Mikrofilm
oder ein anderes Verfahren) ohne schriftliche Genehmigung des Verlags reproduziert oder
unter Verwendung elektronischer Systeme verarbeitet, vervielfältigt und verbreitet werden.

Umschlaggestaltung: Martina Heuer, www.typo-und-layout.de
Schrift: PT Sans Schriftenfamilie
Druck und Bindung: Pustet Verlag und Druck, Regensburg

Vorwort

Mit der Wahl von Jorge Mario Bergoglio zum ersten außereuropäischen Papst betritt die Kirche zu Beginn des dritten Jahrtausends Neuland. Sie realisiert in den Aufbrüchen dieses Pontifikats den bereichernden Horizont der Weltkirche und die wohltuende Weite einer katholischen Kirche, die allzu enge Grenzen überwindet und den Mut besitzt, auf neuen Wegen zu ihrem Ursprung zurückzukehren.

Dieser Reichtum der Weltkirche spiegelt sich auch in der Gebetspraxis der Kirche wider, die in diesem Buch zum Ausdruck kommt. Gebete aus insgesamt 99 Ländern der Erde sind in diesem Buch zusammengetragen. Sie repräsentieren einen Gebetsschatz aus vier Erdteilen (Afrika, Asien, Lateinamerika, Ozeanien), der uns auch in Deutschland ansprechen kann. Es ist ein Zeichen gelebter weltkirchlicher Solidarität, mit den Worten von Christen aus anderen Erdteilen zu beten – gerade auch wenn sie mit schwierigen, oft sogar lebensbedrohenden Umständen zu kämpfen haben. So laden die in den folgenden Kapiteln zusammengetragenen Gebete dazu ein, als Menschheitsfamilie und Glied einer Kirche, die keine Trennung von Rasse und Nation kennt, Erfahrungen und Worte des Glaubens miteinander zu teilen und in der Sprache des Anderen zum einen neue Horizonte zu entdecken, zum anderen aber auch eine eigene spirituelle Heimat zu finden.

Eine ganz besondere Art, mit Frauen und Männern aus allen Erdteilen zu beten, ist vom all zu früh verstorbenen Aachener Bischof Klaus Hemmerle überliefert: „Er hielt Fürbitte, indem er die Namen einzelner Personen und Orte nannte und diese Gott sozusagen ans Herz legte. Er tat dies mal noch im Bett liegend, mal im Zimmer auf und ab gehend. Zuerst ‚ging' er durch das ganze Bistum und nannte die Namen vieler einzelner, aber auch ganzer Klöster; dann ging er durch die einzelnen Kontinente und nannte die Namen der vielen Bischöfe, die dort lebten und die er kennen gelernt hatte. […] Wenn man im Urlaub in der Frühe ans Zimmer klopfte, konnte es geschehen, dass er sich meldete und sagte: ‹Ich bin gerade in Afrika!›"[1]

---

[1] Hagemann, Wilfried, Verliebt in Gottes Wort. Leben, Denken und Wirken von Klaus Hemmerle, Bischof von Aachen, Würzburg 2008, 175.

Mit den vorliegenden Gebeten laden wir ein, ebenfalls auf einer spirituellen Wanderschaft durch die Kontinente unserer Welt zu „gehen" und so in das Bitten und Fragen, in das Klagen und Suchen oder in das Loben und Danken der Menschen weltweit einzustimmen. 41 afrikanische, 30 asiatische, 21 lateinamerikanische und sieben Länder aus Ozeanien haben dazu ihren Beitrag gegeben. Lebensnahe Gebete über die Freude der Geburt oder Segensgebete für die Familie sind in den folgenden Kapiteln ebenso zu finden wie Gebetstexte, die den Lauf des Kirchenjahres prägen. Persönlich formulierte Gebete stehen neben jenen, die aus der Erfahrung kirchlicher Gemeinschaft entstanden sind. Die Freude über Gottes Schöpfung findet ihren Widerhall – wie auch die Sorge um die Zukunft und Bewahrung des Planeten. Als *basso continuo* der Gebete aller Erdteile klingt dabei immer der Wunsch nach Frieden und Gerechtigkeit durch.

So wie Bischof Hemmerle in seiner täglichen Gebetspraxis durch Orte, Länder und Kontinente zog, so sind Sie eingeladen, mit den vorliegenden Gebeten die uns anvertrauten Menschen Gott ans Herz zu legen. Und wenn das Gebet eines Tages in Ihnen verstummt zu sein scheint, mögen Gebetsimpulse aus der Weltkirche über die eigene Sprachlosigkeit hinweg helfen, über die der verstorbene Aachener Bischof schrieb: „Ein Jüngling kommt zu einem Meister des Gebets und klagt ihm: ‹Meister, ich habe mich so bemüht, mich zu sammeln versucht, über mich selbst nachgedacht, alle Gedanken, die mir kamen, still werden lassen – und doch habe ich nicht beten können. Was soll ich tun?› Der Meister antwortete: ‹Mach aus deinem Nicht-beten-Können ein Gebet.›"[2]

Die spirituelle Dimension des Glaubens ist vielschichtig, faszinierend bunt, manchmal sogar verwirrend. Und auch die persönliche Gebetspraxis lässt sich nicht als gerader Strich, sondern meist wohl doch eher als eine kurvenreiche Linie nachzeichnen. Dies ist eine Lebens- bzw. Gebetserfahrung, die Christen auf der ganzen Welt miteinander teilen. Es tut gut zu wissen, dass auch die eigene Gebetspraxis – mit seiner Authentizität ebenso wie mit all seinen Unzulänglichkeiten – im Gebet der Weltkirche aufgehoben ist. Mit den Worten aus Kamerun gesprochen: „Gib uns heute – nach so vielen Umwegen, Rückzü-

---

[2] Hemmerle, Klaus, Dein Herz an Gottes Ohr. Einübung in das Gebet, Freiburg 1986, 17.

gen, Umkehren, dass wir unseren Platz einnehmen am Tisch der Menschheit, dass wir unser Brot brechen am Tisch deiner Brüder und Schwestern, aller Menschen auf der ganzen Welt."

Michael Meyer
Klaus Vellguth

Inhaltsverzeichnis

5 Vorwort der Herausgeber

AFRIKA

15   Ägypten
18   Algerien
20   Angola
22   Äthiopien
25   Benin
27   Botswana
30   Burkina Faso
31   Burundi
34   Dschibuti
35   Elfenbeinküste
36   Eritrea
38   Gabun
39   Gambia
40   Ghana
42   Guinea
43   Kamerun
46   Kenia
49   Kongo
51   Lesotho
52   Liberia
54   Madagaskar
56   Malawi
58   Mauritius
59   Mosambik
61   Namibia

64   Niger
65   Nigeria
67   Ruanda
69   Sambia
71   Sao Tomé und Principe
72   Senegal
75   Sierra Leone
76   Simbabwe
78   Somalia
81   Südafrika
85   Sudan
87   Tansania
89   Togo
92   Tschad
93   Uganda
95   Zentralafrikanische Republik

ASIEN

99   Afghanistan
100   Armenien
102   Bangladesch
104   Birma/Burma/Myanmar
106   China
108   Hongkong
110   Indien
114   Indonesien
117   Irak
119   Iran
120   Israel
123   Japan
126   Kambodscha
127   Kurdistan

128 Libanon
131 Malaysia
134 Nepal
136 Nordkorea
139 Pakistan
140 Philippinen
143 Russland
145 Saudi-Arabien
146 Singapur
147 Sri Lanka
149 Südkorea
152 Syrien
153 Taiwan
155 Thailand
158 Türkei
160 Vietnam

LATEINAMERIKA

165 Argentinien
169 Bolivien
173 Brasilien
176 Chile
178 Costa Rica
179 Ecuador
181 El Salvador
183 Guadeloupe
186 Guatemala
189 Guyana
190 Haiti
193 Jamaika
194 Kolumbien
198 Kuba

201 Mexiko
204 Nicaragua
205 Panama
207 Paraguay
210 Peru
212 Uruguay
214 Venezuela

OZEANIEN

217 Australien
219 Fidschi
223 Melanesien
224 Neuseeland
225 Papua-Neuguinea
228 Samoa
229 Tonga

Afrika

Ägypten

Gebet für die Nachbarn

Herr, bitte hilf unseren Nachbarn
aus der Hütte nebenan.
Wir wohnen mit sechs Personen in
einem Zimmer aus Lehm, das hält gut.
Sie aber wohnen in einer Hütte aus
Palmzweigen.
Vor drei Tagen brannte diese Hütte ab!
Sie sind zu 10 Personen und
sie haben nichts mehr!
Aber du Herr, du hast alles.
Du kannst alles!
Sorge dafür, dass alle Nachbarn
ihnen mehr helfen.
Aber helfe du auch, du unser Vater!
Danke Herr.

Kyrieruf für ein gutes Jahr

Betet dafür, dass das Wasser der Flüsse in diesem Jahr steigt,
dass Christus, unser Herr, sie segnet und sie bis zum Rand füllt,
und unseren Ländern ein wenig Freude gibt, ihre Bewohner erhält,
die Herden beschützt und uns unsere Sünden vergibt.
Christus, erbarme dich.
Betet für die Bäume, die Pflanzen und die Bebauung des Landes
in diesem Jahr, dass Christus, unser Herr, ihr Wachstum segnet,
so dass sie viel Frucht hervorbringen,
und dass er sich seiner Schöpfung erbarmt und uns unsere Sünden vergibt.
Christus, erbarme dich.
Betet für den Wind, die Früchte des Feldes, die Reben
und für alle Bäume in der Welt, die Früchte tragen,

dass Christus, unser Herr, sie segnet,
so dass sie die Ernte ohne Schaden erreichen,
und dass er uns unsere Sünden vergibt.
Christus, erbarme dich.
Gewähre, o Christus, der Erde ein bisschen Heiterkeit,
bewässere sie und nutze unser Leben,
so wie es nach deinem Willen recht ist.
Kröne dieses Jahr mit deiner Güte,
zum Wohl der Armen unter deinem Volk, zum Wohl der Witwen, der Waisen,
der Fremden und zu unserem Wohl.
Denn unsere Augen richten sich auf dich, unsere Hoffnung,
und wir flehen deinen heiligen Namen an.
Du gibst uns Speise zur rechten Zeit.
Gebrauche uns, o Christus, in deiner Güte.
Wir nennen dich den Einen, der alle speist.
Erfülle unsere Herzen mit Freude und Gnade, so dass,
wenn wir alles zur Genüge haben,
wir in allen guten Taten wachsen können.

Sehnsucht nach Sicherheit

Mein ägyptisches Herz sehnt sich, o mein Gott,
nach der Erlösung meines Volkes.
Es beschämt uns,
dass die Unterdrückung durch die Pharaonen
die Kinder Israels ins Meer getrieben hat.
Aber du, mein Gott,
der uns alle von unseren Sünden befreit
und alles erneuert,
hast dasselbe Land als Zuflucht für die heilige Familie erwählt
und zur Heimat des Einen, der verfolgt und unterdrückt wurde,
so dass wir das Leben erlangen und es im Übermaß haben konnten.
Ich danke dir, mein Erlöser, für das größte Geschenk,
das du mir gemacht hast.
Als ich ein kleines Mädchen war, war mein Herz voller Freude

jedes Mal, wenn ich unter dem Baum in Materiah spielen durfte,
wo du mit Maria, deiner Mutter und Josef Rast gemacht hast.
Ich liebte es, den Stein zu berühren, auf dem deine Wiege stand
in der dunklen unterirdischen Kirche im alten Kairo.
Ich habe deine Gegenwart gespürt.
Ich habe dein Weinen und dein Lachen gehört.
Ich habe mit den Müttern geweint, deren Kinder von Herodes getötet wurden.
Ich habe mich darüber gefreut, dass du in Sicherheit warst.
Ich habe dich gelobt und ich werde dich weiterhin preisen,
mein Heiland und mein Erlöser,
der du uns aus der Dunkelheit in dein wunderbares Licht führst.

Algerien

Du warst doch da

Denn siehe, du warst in mir, und ich war draußen;
und ich habe dich draußen gesucht
und in meiner Hässlichkeit fiel ich über jene schönen Dinge,
die du gemacht hast.
Du warst bei mir und ich war nicht bei dir...
Du hast mich gerufen und geschrien und meine Taubheit zerschlagen;
und du hast dein Licht gesandt und auf mich scheinen lassen,
und du hast meine Blindheit verjagt;
du hast mich mit süßen Düften angehaucht,
und ich habe sie aufgesogen und ich habe nicht nach dir gelechzt;
du hast mich berührt und ich habe mich nach deinem Frieden verzehrt.

Für die Einheit der Christen in Algerien

Mit zaghaften Worten danken wir dir, o Gott,
für all das, was in unsrem Land durch deinen Geist
im Namen deines Sohnes geschaffen wurde.
Frauen, Männer, Kinder, Groß und Klein,
werden jeden Tag von deinem mächtigen Wort berührt.
Sie verpflichten sich dazu, das Evangelium zu verkünden.
Du hast andere Brüder und Schwestern aus aller Welt gesandt,
um uns dabei zu helfen,
auch wenn es aus vielerlei Gründen immer schwerer wird.
Gott, wir bitten dich, dass du unseren Schwestern und Brüdern
hier in Algerien hilfst, sich dem Geist der Einheit zu öffnen,
gemeinsam und vereint als die eine Menschheit vorwärts zu gehen,
um das ihnen versprochene Land zu empfangen.
Wir beten, dass du den Kirchenleitenden beistehst,
damit sie die notwendigen Kompromisse finden können
und so die Verbreitung des Evangeliums vorantreiben in einem Land,

das in der Vergangenheit einem Mann des Glaubens Zuflucht gewährte,
dessen Name tief in der Geschichte der Kirche verankert ist,
dem heiligen Augustinus.
O Gott, in deine Hand empfehlen wir alle, die von weither kommen,
um deine Kirche zu bauen und dieses riesige Land zu evangelisieren,
das so viel göttliche Hilfe benötigt.
Gott, wir bitten dich, dass du die Kirchen führst, damit sie zusammenarbeiten,
ihre Unterschiede und Empfindlichkeiten respektieren
und so allen die Liebe Jesu Christi, deines Sohnes, zeigen.

Unsere liebe Frau von Afrika

Unsere Liebe Frau von Afrika,
Jungfrau Maria, Mutter Jesu,
Gott hat dich auserwählt
und gesegnet unter allen Frauen.
Du bist heilig und ohne Makel.

Dein mütterliches Herz ist voll Liebe und Erbarmen.
Lehre uns, Gott zu erkennen, zu lieben und ihm zu dienen.
Hilf uns, das Gute zu tun und das Böse zu meiden,
für den Frieden zu arbeiten
in Wahrheit, Gerechtigkeit, Freiheit und Liebe.
Komm denen zu Hilfe,
die in Bedrängnis, Leiden und Gefahr leben.
Nimm Afrika unter deinen Schutz,
stehe seinen Arbeitern bei, mache die Jugend glücklich,
wahre die Eintracht in den Familien.
Blicke wohlgefällig auf alle Bewohner Afrikas.

Du unsere Schutzfrau, bringe unser Gebet
vor Gott, den Allmächtigen.
Ganz Afrika singe dein Lob, Maria, und
lebe im Frieden und in der Treue zum
Geist Gottes. Amen.

Angola

Dank für die Wohltaten

Gott,
Du bist vielgerühmt.
Du bist unüberwindlich.
Auf dich vertrauen wir mehr
als auf den Himmel,
mehr als auf die Erde.
Alles, was wir haben, gehört dir.
Alles kommt zu uns, ohne dass wir es merken.
Vater, zeige uns,
wie wir deine Gaben nach deinem Willen
nutzen können.
Zeige uns deine Antwort auf unsere Fragen.
Schenke jedem,
was er für seine Arbeit benötigt
oder zum Leben braucht;
denn du, Vater, kennst uns.
Daran glauben wir unerschütterlich.
Du Quell alles Guten,
du Spender der Wohltaten,
lass uns dankbar essen und trinken,
was wir gepflanzt haben,
damit wir die Kraft erhalten,
Gutes zu tun und einander zu lieben.
Bleibe bei uns, Vater.
Amen.

Du bist das Leben

Großer Gott, wir preisen und rühmen dich.
Du bist der Schöpfer dieser Welt und der Vater der Ewigkeit.
Wir kommen zu dir,
weil wir wissen, dass wir Sünder sind,
und bitten dich um Vergebung.
O Gott, du hast Erbarmen gezeigt,
als sie dir den Sohn der Witwe von Nain brachten.
Du bist der Vater allen Erbarmens,
all unser Leid ist in dir vereint,
denn du leidest mit den Leidenden.
Du heilst die Kranken und erweckst die Toten.
Du bist das Leben,
du gibst allen Leben, die an dich glauben.
Wir empfehlen dir alle, die unterdrückt sind.
Hab Mitleid und Erbarmen mit allen Kontinenten und allen Ländern,
besonders aber heute mit Angola.
Für all dies bitten wir durch unseren Herrn Jesus Christus
und warten auf deinen Segen.

Gebet für die Kinder

Gott, meine Kinder gehören dir.
Möge ihnen auf ihrer Lebensreise
das geschehen, was den Eiern im Nest
der Taube geschieht: Viele Male werden
diese Eier umgedreht und geschüttelt,
aber sie fallen nie auf den Boden.
So sind auch meine Kinder immer in
deiner Hand.

Äthiopien

Aussicht auf das neue Jahr

Wir danken dir, Gott,
denn du hast uns sicher
durch die trostlosen Wintermonate geführt,
du hast uns die frischen Düfte der Blumen riechen lassen,
du hast uns die frischen Brisen der Herbstwinde genießen lassen,
du hast uns sicher vom alten in das neue Jahr gebracht,
du hast uns Feldfrüchte und Pflanzen gegeben,
die reiche Nahrung hervorbringen.

Wir bitten,
lass Frieden in unseren Häusern,
Nachbarschaften und in unserem Land herrschen,
vernichte Krankheit, Pest und Seuchen,
so dass es in unserem Land keine Hungersnot mehr geben möge,
so dass die, die keine Kinder haben, Kinder bekommen mögen,
so dass die harte Arbeit derer, dich sich abplagen, Früchte trage
und sie in ihrem Land Erfolg haben mögen.

Wir bitten auch
für eine sichere Entbindung in der Schwangerschaft,
für Regen in der Zeit der Aussaat,
für neue Feldfrüchte und eine reiche Ernte,
für die Abwendung von Naturkatastrophen:
Dürren, Fluten, Epidemien oder Seuchen,
für einen Sieg über feindliche Einfälle,
für die Heilung und Genesung der Kranken,
für das Anwachsen unserer Herden,
für die Kühe, dass sie Kälber gebären und Fleisch und Milch geben,
für die jungen und die alten Ochsen, die unsere Pflüge ziehen.

Bitte um den rechten Weg

O Gott,
in Frieden ließest du mich tagen,
in Frieden lass mich auch nächtigen.
Wo immer ich gehe auf dem Weg,
den du mir weist,
o Gott,
meine Schritte mache mir recht.
Beim Reden nimm Verleumdung von mir weg.
Bei Hunger nimm Murren von mir weg.
In Sattheit nimm Übermut von mir weg.
Dich anrufend, verbringe ich den Tag.
Herr,
der keinen Herrn hat.
Amen.

Mann aus Äthiopien

Mann aus Äthiopien.
Deine weitaufgerissenen Augen.
Dein geduckter Körper. –
Ist es Angst?

Diese Angst!
Ob sie mich je verlässt?
In die Armee gezwungen.
Den Krieg hautnah erlebt.
Gefangen genommen.
Kärgliche Nahrung.
Geschüttelt von Fieber.

Ich bin befreit.
Erhielt Medizin.
Habe zu essen.

Aber mein Volk!
Wer hilft meinem Volk?
O Gott,
lass es zur Ruhe kommen!
Friede!
Gerechtigkeit und Friede
für mein Volk!

Benin

Er, das Lied

Ein Lied für euch –

Ist das erste Wort aus meinem Mund,
spricht der Hahn.

Ich schaue auf zum Himmel
und wende mich dir zu,
der mich durch die Nacht
zum Anblick des Tages geleitet hat.

Die Nacht? Leiden mit tausendundeinem Gesicht.
Der Tag? Mitleiden und weite Herzen.
Ihr seid die vielen Namen des Unnennbaren.
Lasst seinen Namen erkennen
als Solidarität und Liebe, wenn ein Mensch
von seiner Last befreit wird.

Er selber wird zum Lied,
Lied derer, die sich freuen, ihre Gaben zu teilen.
Lied eurer Geste,
die nicht nach Bezahlung fragt.
Lied, das die Ahnung des Tages singt,
an dem ihr, beschenkt
über alle Hoffnungen hinaus,
voll Erstaunen ausruft:
Wann haben wir dir das alles getan,
womit verdient, an deiner Herrlichkeit
teilzuhaben?

Für die Kirche

Gott,
wir beten für die heilige Kirche,
damit sie tief verwurzelt bleibt
in ihrem Glauben und in deiner Liebe.

Botswana

Bedrohung durch Naturgewalten

O Gott,
wir bitten dich für alle Orte dieser Welt,
die durch ihr Klima zu Orten des Schreckens geworden sind,
Orte der Kälte, Hitze, Dürre;
Orte der Not und Entbehrung, wo Männer, Frauen und Tiere
durch Naturgewalten und Umwelt ständig bedroht sind.
Wir danken dir für alles, was diese Orte bewahrt und ihnen hilft.
Wir bitten dich,
vermehre es durch die Hände Jesu Christi
und durch die Hände derer, die in seinem Namen dienen.

In allem Leiden: Du bist Emmanuel

Wir sind alle von HIV/Aids-Virus betroffen;
wir sind der Leib Christi.
Wir haben Angehörige verloren;
heile unseren Leib.
Wir haben gute Freundinnen und Nachbarn verloren;
heile unsere Herzen.
Wir haben Freunde in der Kirche und Arbeistkolleginnen verloren;
heile unsere Seele.
Wir haben unsere Hoffnung verloren;
heile unseren Geist.
In dich setzen wir unser Vertrauen.
Du bist Emmanuel,
du bist Gott-mit-uns.
Du wirst uns niemals verlassen oder aufgeben.
Du wirst bei uns sein bis zum Ende der Zeit.

Sich selbst und andere sehen

Gott, dieses Leben ist voller Widersprüche.
Ich selbst trage diese Widersprüche in mir,
denn mein Leben ist gekennzeichnet von
Liebe und Hass,
Stärke und Schwäche,
Licht und Dunkelheit,
Freude und Leid,
Erniedrigung und Erhebung,
Wahrheit und Lüge,
Ordnung und Chaos,
mir und den anderen,
Leben und Tod.
All diese Widersprüche belasten mich sehr,
aber du, Gott des Himmels, der sie alle kennt,
hast entschieden, dass du mich in deiner Welt
für deine Ziele brauchen willst.
Darum hilf mir,
mich selbst zu sehen,
andere zu sehen,
und das Leben mit deinen Augen zu sehen.

Selbstbetrug

Gott, du hast uns so geschaffen, wie wir sind,
wir aber sind der Versuchung erlegen, etwas anderes sein zu wollen.
Wir waren einverstanden, Ersatzkinder
für die westlichen Lebensstile und Kulturen zu sein.
Hilf uns, unsere Würde als dein Volk wiederzugewinnen.
Du hast uns schwarz gemacht, aber wir wären lieber weiß.
Du hast uns wunderschöne Sprachen gegeben,
aber wir wollten lieber auf die Sprache unserer Versklavung stolz sein.
Wie können wir dir ein neues Lied in einer Sprache singen,
die wir kaum verstehen?

Du hast uns gelehrt:
Zu leben bedeutet, dir und uns und der Umwelt zu gehören,
aber wir hören lieber auf unsere menschlichen Herren, die sagen:
„Zu leben bedeutet, um jeden Preis Reichtum anzuhäufen."
Lehre uns, unseren botho-Lebensstil neu zu erlernen.

Herr, wir bekennen dir unsere gespaltene Persönlichkeit.
Wir haben uns den Irrtum zu eigen gemacht, dass Gottesdienst zu feiern
mit unserer Lebensweise als dein Volk nicht vereinbar ist.
Hilf uns, dass wir wieder wir selbst werden
und dir zu Ehren Gottesdienst feiern,
voller afrikanischer Düfte und Echtheit.

Burkina Faso

Ich danke dir

Herr, mein Gott!
Wie der Fisch nicht ohne Wasser
leben kann,
so kann ich nicht ohne dich leben.
Du hast mich erschaffen,
du erhältst mein Leben.

Heute komme ich, dir zu danken
für das Leben, das du mir ständig
neu schenkst.
Ich komme, dir zu danken,
dir zu sagen, wie sehr ich das Leben liebe.

Ja! Ich freue mich zu leben,
auch wenn ich mit Gütern nicht gesegnet bin.
Ich habe keine Schuhe an den Füßen,
aber ich freue mich, dass ich
gehen, springen und tanzen darf.

Vor allem freue ich mich,
dein Kind zu sein,
in mir den Hauch göttlichen
Lebens zu tragen,
deinen Heiligen Geist.
Du willst in mir leben,
Gast sein bei mir.

Von ganzem Herzen danke ich dir
für diese Ehre,
für diese Freude.

Burundi

Das Joch der allumfassenden Armut

Seit der Begegnung mit dem Abendland
hat unser Volk aufgehört,
sein Leben selbst zu bestimmen.
Alles wurde ihm gegeben.
Zwangsläufig alles.
Alles wurde ihm aufgezwungen.
Alles wurde geändert:
das Gesetz,
die Medizin,
die Religion,
das Leben,
die Art des Ackerbauens,
die Art des Denkens,
die Art zu grüßen,
die Art zu sitzen.
Allmählich erstarrt in ihm
die gewaltige Fähigkeit des Menschen,
die Elemente zu beherrschen,
zu leiten,
zu meistern,
sich anzueignen.
Dann erst gab er auf.
Wurde wie ein Sklave
der Gewohnheit.
Ein bewundernder Anbeter
der Technik.
Das unwissende Werkzeug
einer unvermeidlichen
neuen Zivilisation.

Jesus Christus

Du bist der Hungernde,
der mich um etwas bittet,
das du zwischen die Zähne stecken kannst.
Du bist der Verdurstende,
der nach etwas sucht,
womit du deinen Durst stillen kannst.
Du verbirgst dich hinter dem verirrten Fremden,
der mich nach dem rechten Weg fragt.
Du steckst in dem Niedergeschlagenen,
der meinen Rat und Trost sucht;
in dem Ungläubigen,
der die wahre Quelle der Wahrheit sucht,
um Ruhe und Sicherheit für seine Seele zu finden.
Du verbringst dein ganzes Leben damit
deine Liebe über die Menschen auszugießen.
Du weinst mit den Weinenden.
Du singst mit den Singenden.
Du freust dich mit den Fröhlichen.
Du bist mein Ein und Alles,
dem ich mich ganz ergebe.

Vom Menschsein

Wo ist der Mensch, der weiß um seine Kleinheit
und seine Größe?

Wo ist der Mensch, der mehr „Mensch" wird, indem er
sich der Achtung befleißigt?

Wo ist der Mensch, der dem Unendlichen entgegengeht,
während er mit menschlichem Blick jeden seinesgleichen
anschaut, dem er begegnet?

Als ich vom freien Menschen reden hörte,
vom Menschen, der alle seine menschlichen Eigenschaften
anwendet
im Sinne des Wahren,
des Schönen,
des Guten,
war ich damit zufrieden.

Vorausgesetzt, dass wir nicht vergessen, dass
das Wahre,
das Schöne,
das Gute
nicht nur vom Menschen geschaffen wird.

Dschibuti

Gebet für die Ziege

Wir haben nur eine Ziege, Herr.
Ich bringe sie auf die Weide.
Manchmal suche ich für sie
auch Blätter und grüne Zweige.
Dann gibt sie Milch.
Schütze sie, Herr.

Elfenbeinküste

Besinnung

Was kann ich dir bieten?
Ich weiß es nicht, was ich dir bieten kann,
Herr.
Mein Leben? – Es ist so arm und inhaltsleer.
Meinen Verstand? –
Ich bin oft so töricht und unverständig.
Meine Schönheit? – Ich habe sie immer wieder durch
Schuld und Sünde entstellt.
Meine Liebe? – Ich habe sie häufig anderen
verweigert und nur an mich selbst gedacht.
Ich habe dir, Herr, nichts anzubieten,
höchstens:
meine Armut, – dir, dem Freund der Armen;
meine Torheit, – dir, der du selbst zum,
Spott-König gekrönt wurdest;
meine Untreue, – dir, der du aus Liebe unsere
Schuld gesühnt hast;
meine Kleinheit, – dir, dessen Liebe alle unsere
Mittelmäßigkeiten auffüllt –.
Siehe Herr, das ist alles, was ich dir
anbieten kann.

Lass alle nach Frieden streben

Wir beten für die Menschen,
die Gewalt fördern,
und für die, die ihren Mitmenschen nicht vergeben.
Möge Gott ihre Herzen verwandeln,
damit sie nach Frieden streben und ihre Brüder und Schwestern lieben.

Eritrea

Mehr von deiner Liebe

Jesus,
du bist unser Weg, unsere Wahrheit, unser Leben.
Hilf uns, dass wir dich lieben,
dich achten, preisen und loben
und besonders, dass wir dein Gebot,
dich und uns untereinander zu lieben, befolgen.
Pflanze in uns diese große Liebe,
die der Grundstock aller anderen Früchte des Geistes ist.
Danke für deine ewige Liebe.
Gib uns mehr von deiner Liebe,
heute, morgen und immer.
Dies bitten wir in deinem Namen.

Zeugen des ewigen Lebens

Lieber Herr Jesus, wir danken dir,
dass du von den Toten auferstanden bist.
Deshalb können auch wir von unserem sterblichen Leben
mit dir, der du ewiges Leben verleihst, auferstehen.
Wir bitten dich, erscheine uns,
wie du deinen Jüngern erschienen bist.
Hauche in uns deinen Heiligen Geist,
so dass wir hinausgehen können
und deine guten Zeugen sein können
in Frieden, Liebe, Freude und Heiterkeit.
Dies bitten wir in deinem Namen.

Unser täglicher Hirte

Danke, lieber Jesus,
dass du ein guter Hirte aller Gläubigen bist.
Wenn wir von der Herde verloren gehen,
ruhst du nicht, bis du uns zurückgebracht hast
und es herrscht Freude im Himmel und auf der Erde.
Unser täglicher Hirte, unser Verteidiger, unser Beschützer,
danke, dass du uns vor allem Bösen bewahrst,
vor allem, was uns Angst macht und uns schadet,
danke, dass du uns vor allem Unglauben bewahrst.
Amen.

Gabun

Weihe eines Neugeborenen

Dir, o Schöpfer, dir, dem Mächtigen,
opfere ich diese neue Pflanze
– eine neue Frucht des alten Baumes,

Du bist der Herr. Wir sind Deine Kinder.
Dir, o Schöpfer, dir dem Mächtigen, weihe ich
mein Kind!

Gambia

Für unser Land

Gott, gib unseren politischen Führern die Führungsqualitäten,
die sie brauchen, um sicher in die Zukunft zu schreiten
und nicht vom hart umkämpften Weg des Lebens abkommen.
Gib ihnen reichlich von deiner Gnade,
damit sie uns mit reinem Herzen und Weisheit führen.
Mögen die großen Opfer,
die wir bereitwillig für die Entwicklung unseres Landes bringen,
dich als lebendiges Zeichen unserer Bitten
um ein besseres Leben erreichen.
Gott, lass uns auf deine Kraft vertrauen,
alle Menschen zusammenzubringen,
damit uns niemand unser Lied der Einheit nehmen kann.
Lass uns ein großartiges Bild des Menschen
und der Gemeinschaft entwerfen und uns dann daran orientieren,
um deinen Willen zu erfüllen.

Wir beten für Frieden und Einheit in unserem Heimatland,
damit wir wie eine Familie leben
und gemeinsam für Verbesserungen in unserer Nation
und für unser Volk arbeiten können.
Wir beten für alle Menschen,
die ihren Glauben in Situationen bekennen müssen,
in denen sie lächerlich gemacht, bedroht und verfolgt werden.
Mögen sie in dir, Gott, den Mut finden, den sie brauchen.

Ghana

Gebet eines Arbeitslosen

Nun sitze ich hier auf einer Mauer
und warte auf Arbeit.
Ich zähle die Menschen,
die auch hier sitzen
und auf Arbeit warten.
Herr, kannst du da nichts tun,
damit es hier mehr Arbeit gibt?
Und dass die Herren ehrlicher werden?
Ein Mensch, der herumlungert, wird faul.
Man gewöhnt sich schnell daran.
Und ich finde es so empörend,
dass ich für Frau und Kinder
wieder nichts nach Hause bringe.
Aber ich will nicht jammern.
Ich weiß ja,
dass wir alle in deiner Hand sind,
und dass du alles wachsen lässt
auf der anderen Seite der Straße,
so dass wir zumindest keinen Hunger
zu leiden haben.
Du bist der gnädige und gütige Gott.
Wir sind die Götter aus Holz oder Lehm
im Vergleich zu dir?
Du bist der Größte
und tust, was du willst.
Und das ist stets zu unserem Besten.
Amen.

Lauf der Zeit

Herr,
eines ist wahr:
Jedes Jahr bringt
uns näher zu dir.
Menschen
werden älter mit
jedem Jahr,
doch Christen
werden jünger.

Lass doch die Kirchen zusammenwachsen

Herr, nur deine väterliche Güte kann zusehen,
wie Eitelkeit und Besserwisserei
deine Kirchen auseinander zerren.
Herr, sie können sich nicht mehr vergeben.
Herr,
sie reden miteinander,
sie nicken,
sie sagen jaja,
dann ABER.
Und dieses ABER
setzen sie auch
hinter das Gebet deines Sohnes:
Lass sie alle eins sein.
Herr, wir danken dir,
dass dein versöhnender Geist
nun die Kirchen in Ghana versammelt.
Herr, der ist viel stärker,
als unsere menschlichen Traditionen.

Guinea

Alle Nationen

Möge dein Wort, o Gott, alle Nationen erreichen,
und mögest du als der einzig wahre Gott erkannt werden.

Kamerun

Gruß dir, Gnadenvolle!

Du, so arm wie Afrika,
so gebrechlich und klein
mit dem einmaligen Schatz deiner Leibesfrucht!
Ohne Gepäck, ohne Banken, ohne Rücklagen,
ohne Bomben und ohne Raketen,
ohne Armeen, ohne Land und ohne Königreich,
ohne werbenden Schwarm von Verehrern
aus dem Stamm, dem Dorf oder der Metropole ...

Sage mir, Mutter,
wie flossen, so klein du auch bist,
all die Ströme der Gnade
in deine zwei Hände zurück,
Welle um Welle, der ganze Ozean der Liebe meines Gottes?

Sage mir, wie in der kleinen Höhlung deiner Hände,
durch unsere Erbärmlichkeiten aufgebrochen,
alle gedämmten Sintfluten, alle Laväströme von Sodom und Gomorra
nichts als zarte Erde zurückließen:
das Wimmern eines aufwachenden Kindes,
das die Rettung aller Menschen verhieß?

Ich klopfe an deine Tür

Ich klopfe an deine Tür, ich klopfe an dein Herz,
um ein gutes Bett, um ein gutes Feuer,
warum mich zurückstoßen?
Öffne mir, Bruder! Öffne mir, Schwester!

Warum mich fragen,
ob ich aus Afrika bin, ob ich aus Amerika bin,
ob ich aus Asien bin, ob ich aus Europa bin?
Öffne mir, Bruder! Öffne mir, Schwester!

Warum mich fragen
nach der Länge meiner Nase,
nach der Dicke meiner Lippen,
nach der Farbe meiner Haut,
nach dem Namen meiner Götter?
Öffne mir, Bruder! Öffne mir, Schwester!

Öffne mir deine Tür, öffne mir dein Herz,
denn ich bin ein Mensch,
der Mensch aller Zeiten,
der Mensch aller Länder,
der Mensch, der dir gleicht!

Stimme der Stillen und Stummen

Gib uns heute das Brot deiner Gegenwart,
Herr, unser Bruder;
wir werden dich nicht mehr loslassen,
bis du uns gesättigt hast.
Wir sind die stumme Stimme,
die Stimme Afrikas.
Sieh uns hier als Stimme der Stille
unter der Schwere der Trommeln,
unter der Last der Klagen,
die das Meer der Schmerzen füllen:
kein Ufer außer dem Leuchtturm
der Hoffnung,
der aus deinem Herzen kommt
und alle unsere Wege erhellt.

Gib uns heute unser tägliches Brot
und blicke auf das Reich
des Hungers:
segne die Hungernden!
Gib uns heute – nach so vielen Umwegen,
Rückzügen, Umkehren,
dass wir unseren Platz einnehmen
am Tisch der Menschheit,
dass wir unser Brot brechen
am Tisch deiner Brüder und Schwestern,
aller Menschen
auf der ganzen Welt.

Kenia

Bitte in die Zukunft

Gott!
Ich will Schwester werden.
Ganz sicher.
Früher wollte ich Mama werden.
Jetzt nicht mehr, weil der Papa
die Mama immer schlägt.
Deswegen möchte ich
Schwester werden.
Hilfst Du mir dabei?

Ich habe es satt
Herr,
ich habe es satt,
den Hals zu verdrehen
und jedem Trugbild nachzugaffen.
Ich drehe mich nicht mehr um.
Geradeaus sehe ich und schweige.
Ich gönne meinem Nacken Ruhe.

Denn mein Nacken ist müde,
müde vom ewigen Drehen und Wenden.
Mache mich zu einem Menschen,
der geradeaus geht,
dass ich nur auf deinen Weg schaue,
den Weg, den du zeigst.

Meine Ohren sind müde
vom Lärm der Züge und Autos,
müde vom Nachhall der Worte,
vom Kopfweh kommender Tage,

sehr, sehr müde
und beinahe *getötet*
vom klingenden, betäubenden Lärm.

Ich habe es satt, gereizt zu werden,
gereizt von den vielen Dingen draußen
und von der Selbstsucht drinnen.
Herr, reize du mich,
dass deine große Liebe mich treibt
und ich in Ewigkeit fröhlich bin.

Gebet zur Hauseinweihung

Möge derjenige, der dieses Haus bewohnen wird,
viele Kinder haben und reich sein.
Möge er den Menschen gegenüber offen und
ehrlich sein und gut zu den Armen.
Möge er nicht an Krankheiten leiden und auch
von keiner anderen Heimsuchung getroffen werden.
Lass ihn, Herr, alle seine Jahre in Sicherheit
verbringen.

Segne diese Mahlzeit

Herr, Schöpfer,
durch dich wächst alles,
was auf dieser Erde ist.

Süße Bananen, saure Apfelsinen,
Reis, Mais und Erdnüsse,
wovon meine Mutter diese leckere
Suppe kochen konnte.
Du lässt den scharfen roten Pfeffer wachsen,
der uns gesund hält,

und unseren Magen sauer brennt.
Du lässt klares Wasser aus der Erde sprudeln,
leckeres, klares Wasser!
Segne diese Mahlzeit,
mein lieber Gott und Vater,
und sorge dafür,
dass wir immer genügend zu essen haben.
Amen.

Kongo

Immer bereit

Gott, hilf uns, wachsam zu sein,
denn wir wissen nicht, wann du kommen wirst.
Lass uns aufmerksam sein für das Geräusch deiner Schritte,
damit wir nicht oberflächlich werden im Gebet.
O Gott, die Wahrheit ist nicht in unseren Mündern
und unseren Herzen zu Hause.
Lehre uns, deine Dienerinnen und Diener,
glaubenstreu und nach deinen Geboten zu leben.
Gott, hab deine Kirche im Blick, damit sie dein Evangelium verkündigt
und zu einer Kirche wird, die sich immer wieder verändert
inmitten einer Welt im Aufruhr,
die von falschen Lehren in unterschiedlichste Richtungen getrieben wird.
Wir danken dir, Gott.

Segenswunsch

Der Herr segne uns.
Er erfülle unsere Füße mit Tanz
und unsere Arme mit Kraft.
Er erfülle unser Herz mit Zärtlichkeit
und unsere Augen mit Lachen.
Er erfülle unsere Ohren mit Musik
und unsere Nasen mit Wohlgerüchen.
Er erfülle unseren Mund mit Jubel
und unser Herz mit Freude.
Er schenke uns immer neu die Gnade der Wüste:
Stille, frisches Wasser und neue Hoffnung.
Er gebe uns allen immer neu die Kraft,
der Hoffnung ein Gesicht zu geben.
Es segne uns der Herr.

Seligpreisungen eines alten Menschen

Selig, die Geduld haben mit mir,
weil meine Füsse stolpern und
meine Hände müde geworden sind.
Selig, die begreifen, dass meine
Ohren sich anstrengen müssen,
um zu verstehen, was andere sagen.
Selig, die es merken, dass meine
Augen trüb und meine Gedanken
träge geworden sind.
Selig, die stehen bleiben und mir
ein Lächeln schenken oder sich
ein wenig Zeit nehmen,
um mit mir zu plaudern.

Lesotho

Lass uns Freunde bleiben

Du bist ein Freund! Du lachst mit mir, spielst mit mir.
Du gibst mir die Hand.
Du bist ein Freund! Du hältst mich fest,
Du lässt mich auch wieder los.
Du bist ein Freund! Wenn ich Not habe, komme ich zu Dir,
wenn Du Not hast, kommst du zu mir!
O Herr, hilf uns, dass wir Freunde bleiben in Freude und Not.
Amen.

Wir warten

Herr, wir glauben, dass du unser Land kennst.
Es ist wie das Land, in dem du einst gelebt hast –
Berge, und manchmal Schnee, neben durstigen Tiefebenen.
Du, der du oft alleine in die Berge gingst,
du kennst den geheimnisvollen Frieden und die Schönheit,
die man dort finden kann.
Du kennst auch die Menschen,
die am Fuß der Berge warten und laut schreien.
Wir warten heute auf dich, an unseren Berghängen,
inmitten all der Menschen, die wir kennen.

Liberia

Für die Rettung Liberias

Allmächtiger Gott, Schöpfer des Universums,
wir verehren dich und beten zu dir,
weil du über allen Geschöpfen und himmlischen Wesen stehst.
Nach einem Bürgerkrieg, der ein Jahrzehnt lang dauerte,
ist Liberia in einen Zustand der Erniedrigung,
Verelendung, Niedergeschlagenheit, Selbstzweifel, Armut
und des wirtschaftlichen Ruins verfallen.

Gott, im Namen Jesu rufen und flehen wir dich an,
der du das Schicksal von Völkern und Nationen bestimmst,
Liberia zu besuchen.
Gott, in deiner Barmherzigkeit, die ewig fortdauert,
bitten wir dich für den Wiederaufbau Liberias,
damit diese Nation zu dem wird,
was sie nach deinem vollkommenen Willen sein sollte.

Gott, Liberia erlebt gegenwärtig eine Wirtschaftsrezession
und einen spirituellen Niedergang.
Sei barmherzig mit der Nation und ihren Völkern,
damit sie sich grundlegend verändern und mit dir versöhnen,
weil du ihnen diese Worte gesagt hast:
„... wenn dann mein Volk, über das mein Name genannt ist, sich demütigt,
dass sie beten und mein Angesicht suchen
und sich von ihren bösen Wegen bekehren,
so will ich vom Himmel her hören und ihre Sünden vergeben
und ihr Land heilen" (2 Chr 7,14).

O Gott, bitte heile diese Nation und erneuere ihre Menschen,
damit du Glanz nach Liberia bringst,
das bitten wir in Jesu mächtigem Namen.

Neue Welt

Gott, was ist dies für eine Welt,
die die Erwachsenen uns Kindern hinterlassen werden?
Überall gibt es Kämpfe und sie erzählen uns,
wir lebten in einer Zeit des Friedens.
Du bist der einzige, der uns helfen kann.
Herr, gib uns eine neue Welt, in der wir glücklich sein können,
in der wir Freunde haben können
und zusammen auf eine gute Zukunft hinarbeiten.
Eine Welt, in der es keine gewalttätigen Menschen gibt,
die uns und unsere Welt auf so viele Weisen zu zerstören versuchen.

Madagaskar

Du, unser Leuchtturm

Herr Jesus,
der Sturm ist Leben und Leben ist der Sturm
und es gibt kein Entkommen; aber was zählt, ist,
dass du im Sturm bei uns bist, du bist uns ein Leuchtturm
und schenkst uns deine sichere Gegenwart.
Amen.

Jesus Christus ist das wahre Leben

Unsere weisen Vorfahren
haben viel über das Leben nachgedacht.
Sie waren davon überzeugt,
dass das Leben wertvoll ist,
einen tiefen Sinn hat,
Teil der harmonischen Schöpfung ist.
Doch diese Überzeugung ist nur Andeutung:
Jesus Christus ist das wahre Leben, die Harmonie, der Friede.
Unsere weisen Vorfahren
haben viel über das Leben nachgedacht.
Sie haben an einen Schöpfer geglaubt, einen Allmächtigen,
der Himmel und Erde regiert.
Doch diese Überzeugung ist nur Andeutung:
Jesus Christus ist das wahre Licht, das Gott uns gibt.
Unsere weisen Vorfahren
haben die Solidarität hochgehalten.
„Ein einziger Baum macht noch keinen Wald",
sagte ihr Sprichwort.
Doch diese Überzeugung ist nur Andeutung:
Jesus Christus ist es, der uns den wahren Geist
der Einheit und der Gemeinschaft gesandt hat.

Unsere weisen Vorfahren
haben tief nachgedacht.
Sie glaubten an die Unsterblichkeit der Seele.
„Jenseits des Grabes sind die Toten uns nahe",
sagte ihr Sprichwort.
Doch diese Überzeugung ist nur Andeutung:
Jesus Christus ist unser Leben
und unsere Auferstehung.
Unsere weisen Vorfahren
haben von einem großartigen
Zusammenkommen geträumt.
„Solange wir leben, sind wir im gleichen Haus,
wenn wir tot sind, im selben Grab",
sagte ihr Sprichwort.
Die Überzeugung, eines Tages
mit allen Verstorbenen vereint zu sein,
ist nur eine Andeutung:
Jesus Christus ist es, der uns geoffenbart hat,
dass Gott uns erwartet wie ein Vater sein Kind.

Öffne uns dein Herz

Lieber Gott,
in der Erfahrung der Jahreszeiten
und der unermesslichen Zeit erkennen wir dich:
Deine Ehre, gefüllt mit Liebe für uns,
dein schaffendes Wort,
dein Wille, alle Menschen zu ernähren.
Öffne uns dein Herz,
damit wir dich lieben wie Kinder ihre Eltern lieben.
Deine Weisheit
und die Weisheit unserer Ahnen
wachse in unseren Herzen, wie im Frühling das Saatgut in der Erde.
Amen.

Malawi

Am Geburtstag

Gott der Liebe, Gott des Mitgefühls,
inmitten von Tod und Übel
erbarmst du dich unser:
schützend, gebend und lächelnd
versicherst du uns ständig deine Obhut.
Schenke uns Freude daran,
besonders heute an unserem Geburtstag,
in dem Wissen, dass deine Liebe Leben ist.
Lehre uns, unsere Tage recht zu zählen,
dass wir ein weises Herz bekommen,
durch ihn, dessen Leben unser Licht geworden ist,
Jesus Christus.

Gebet von Frauen gegen Unterdrückung

Dein Leib wurde für uns gebrochen.
Dein Blut wurde für uns vergossen.
Wir, als Frauen, wurden rein gewaschen
und durch die Taufe Glieder deines Leibes.
Wir sind Tempel deines Heiligen Geistes.
Hilf uns, dass wir uns daran erinnern,
dass wir uns weigern, Gewalt in jeder Form gegen uns zuzulassen.
Hilf uns, dass wir ‚Nein' sagen zu einem Tod durch HIV/Aids.
Mit anderen sein
unter all den
schönen Häusern,
wohlhabenden Familien,
angesehenen in Bethlehem,
Familien der Pharisäer,
schönen Mädchen in Judäa,

reichsten Städten der Welt,
wurde Jesus
in einem Viehstall,
in eine arme, unbedeutende, aber gottesfürchtige Familie,
einem Zimmermann namens Josef
und einer jungen Frau, Maria,
in Bethlehem geboren.
Wir beten, dass dein Heiliger Geist uns die Folgen deiner Geburt
und unsere Mission erkennen lässt, so dass wir
mit den Außenseitern,
den Mittellosen,
den Vergessenen,
den Menschen mit Aids,
mit Witwen und Waisen
und den Unberührbaren
arbeiten;
was immer wir für die Geringsten seiner Brüder
(und Schwestern) tun können.

Seuche ohne Heilung

Mein Herr und mein Gott, wir sterben.
Siehst du nicht die Seuche,
die ganze Völker verschlingt,
die Seuche von HIV/Aids,
die Seuche ohne Heilung,
eine Seuche, die so verheerend ist.
Mein Herr und mein Gott, höre die Statistiken:
Bis zu 30 Prozent unserer Bevölkerung
werden ausgelöscht,
ganze Völker und ganze Nationen.
Sei barmherzig, o liebender Herr.
Hab Mitleid mit den Schafen deiner Herde.
Gib uns Leben, gib uns Hoffnung, gib uns Heilung.
Durch den auferstandenen Christus flehen wir dich an.

Mauritius

Wann hörst du?

Herr,
ich lebe in vier Wänden aus Wellblech.
Meine Küche ist ein Stück Pappkarton.
Ich habe kein Wasser
und auch keinen Strom.
Mein Mann ist arbeitslos.
Meine Kinder laufen im Dreck.

Und die Drogenhändler
haben schöne Häuser.
In ihren Bungalows geht's ihnen gut.

Herr, warum soviel Ungerechtigkeit?
Warum steh' ich alleine da?
Wann antwortest du mir, mein Gott?
Wann hörst du auf meinen Schrei?

Schutz vor Stürmen

Allmächtiger Gott,
Herrscher über alle Geschöpfe im Himmel und auf Erden,
nimm unser demütiges Gebet entgegen,
uns vor Stürmen und Taifunen zu schützen.
Wir sind uns bewusst, dass wir unwürdig sind,
auch nur für den kleinsten deiner Gnadenakte,
aber wir beten dennoch bescheiden zu dir,
durch Jesus Christus, deinen Sohn, unseren Herrn,
dass du die himmlischen Winde unter Kontrolle hältst,
damit wir sicher leben können ohne Furcht vor Unglücken.

Mosambik

Für die Menschen in Mosambik

Mächtiger Gott,
dessen Taten der Barmherzigkeit, des Mitleids und der Liebe
in allen Menschen offensichtlich sind,
von einer Generation zur nächsten,
Spender überfließenden Lebens für alle Menschen.

Du hast deinem Volk das Jubeljahr als ein Jahr der Freiheit geschenkt –
Freiheit von Unterdrückung, Elend und einem Leben voller Leiden,
Freiheit für ein Leben,
das Armut, Mangel an Frieden und Ungerechtigkeit in Frage stellt,
ebenso wie all die Krankheiten der Gesellschaft, die so vielen den Tod bringen.
Aus allen Teilen der Welt, auch aus Mosambik,
tönt der Schrei
derjenigen, die unter bedrückender Armut leiden,
derjenigen, besonders der Jugendlichen, die arbeitslos sind,
der vielen Menschen, die selbst in Friedenszeiten von Landminen
verstümmelt oder getötet worden sind.

Häusliche Gewalt macht die Familie zerbrechlich, verwundbar,
und hat unvorhergesehene Folgen:
So viele verlassene Kinder,
die ohne Erziehung oder Schutz aufwachsen,
so viele junge Mädchen, die geschwängert werden,
so viel Kummer.

Regierungen sind unbeweglich und teilnahmslos,
wenn es um Gerechtigkeit für alle geht.
So werden an erster Stelle
die Menschenrechte der Frauen und Kinder verletzt,
Stammeskonflikte werden ins Ausland getragen,
und es wimmelt von Ungerechtigkeit.

Mächtiger Gott,
beim Klang des Hornes für das Jubeljahr
nähern wir uns voll Vertrauen
dem Thron deiner Gnade,
damit wir deine Barmherzigkeit erlangen
und deine Verheißung „Frieden auf Erden und allen ein Wohlgefallen",
die in der Liebe für den Nächsten wurzelt,
in die Tat umsetzen.

Mein Bruder

Mein Bruder ist nicht der,
der geboren wurde aus dem Schoß meiner Mutter.
Mein Bruder ist der,
der mit mir wächst in der Revolte.
Er ist der, der auf freien Pfaden
heute mit mir das Wasser des gleichen Flusses trinkt,
unter dem gleichen Himmel schläft
und mit mir die gleichen Kriegslieder singt.
Mein Bruder ist der, der sich selbst vergisst:
die Befreiung seines Volkes ist sein Lebenswerk.
Mein Bruder ist der,
der an meiner Seite kämpft.

Namibia

Du, der du dich hingegeben hast

Gott, unser Vater,
wir sind hier als dein Volk zum Gottesdienst versammelt,
um dich anzubeten.

Als deine universale Kirche
feiern und gedenken wir in Demut,
dass du dich selbst für die Welt hingegeben hast.

Verbinde unsere Herzen,
damit alle wissen, dass wir deine Kinder sind,
dass du unter uns gegenwärtig bist,
und wir die Einigkeit bewahren können durch das Band des Friedens,
den du in dem Bund bereitest,
den wir mit deinem Sohn, Jesus Christus, haben.

Du kennst mich

Herr, du hast mich erforscht und kennst mich,
du weißt alles, was ich tue;
du verstehst meine Gedanken von ferne.
Du siehst mich,
ob ich dich bekenne oder verleugne.
Es ist kein Wort auf meiner Zunge,
das du, Herr, nicht schon wüsstest.

Von allen Seiten umgibst du mich
und hältst deine Hand über mir.
Dass du mich so gut kennst, ist mir zu hoch,
denn du kanntest mich schon,

ehe ich geboren war,
und das geht über mein Verständnis.
In dieser Welt ist es sehr gefährlich
in deinem Dienst zu sein.
Aber wohin soll ich gehen,
um vor deinem Auftrag,
ein Werkzeug deines Friedens zu sein,
zu fliehen?

Wo könnte ich mich davor verstecken
dich zu bekennen?
Würde ich mich auf den Standpunkt
des Neutralen zurückziehen,
wärest du da;
versteckte ich mich in meinem Büro
hinter meiner Schreibmaschine,
wärest du da;
nähme ich Zuflucht im entlegensten Land,
fern von der Unterdrückung meines Volkes,
wärest du auch da,
um mich zu erinnern,
was ich dir versprochen habe.

Spräche ich, die Finsternis des Schmerzes
und der Erniedrigung möge mich bedecken
und das Licht deiner Liebe in meinem Leben
möge zu Finsternis werden,
so würde doch die Nacht meines Leidens weichen
vor dem Licht deiner Gegenwart.

Du schufst mich nach deinem Bilde
und liebtest mich,
bevor mich meine Mutter liebte.

Ich preise dich, weil du so anders bist,
als die Menschen dieser Welt.

Was du tust, ist so wunderbar,
größer als unser menschliches Begreifen.
Erforsche mich, Gott, und ändere mich.
Prüfe mich und reinige meine Gedanken.
Beginne die Revolution in meinem Leben,
erschaffe mich neu
und leite mich auf ewigem Wege.

Glaubensbekenntnis

Ich glaube an den einen Gott, blind für Hautfarben,
den Schöpfer einer bunten Menschheit,
der das Universum schuf
und die Fülle von Kostbarkeiten ausgeschüttet hat
zur gerechten Verteilung unter sein Volk.
Ich glaube an Jesus Christus,
geboren von einer Frau aus dem Volk,
der verlacht, entstellt und hingerichtet wurde,
und am dritten Tag als Sieger erstand.
Er fegt durch die Ratssitzungen und Gipfelkonferenzen,
wo er die eiserne Herrschaft der Ungerechtigkeit stürzt.
Er wird fortfahren Gericht zu halten
über den Hass und die Arroganz der Menschen.
Ich glaube an den Geist, der versöhnt.
Die eine Kirche der Entrechteten,
die Gemeinschaft der Ungezählten, die leiden,
die Macht, die entmenschlichende Mächte besiegt.
Ich glaube an die Auferstehung des Menschen
in Gerechtigkeit und Gleichberechtigung
und an den endgültigen Sieg der geschwisterlichen Liebe.
Amen.

Niger

Gebet für die Familie

Gott, unser Vater,
wir stehen hier als Familie vor dir.
Eine Familie, die du durch das
Sakrament der Ehe geheiligt hast.

Hilf uns, dem Vater, der Mutter
und den Kindern,
sich gegenseitig zu achten und zu lieben.

Mach unsere Wohnung zu einem Ort,
an dem wir das Evangelium gerne hören,
und unser Leben von seinem Licht durchdringen lassen.

Gib uns den Mut,
durch die Kraft des Heiligen Geistes
Zeugen zu sein bei unseren Mitmenschen,
Zeugen deines Evangeliums.

Gib uns diese Gnade!
Dann wird das Evangelium alle unsere Entscheidungen
und unsere Arbeit durchdringen,
zum Aufbau einer besseren Welt.

Zeugnis geben vom Namen des Herrn

Gib, o Herr,
dass wir dich im Geist und in der Wahrheit anbeten.
Lass unsere Brüderlichkeit von Tag zu Tag wachsen,
damit wir gemeinsam Zeugnis ablegen
von deinem herrlichen Namen.

Nigeria

Lass uns Segen werden

Herr, wir bitten dich,
befreie uns von der Angst vor der unbekannten Zukunft;
von der Angst vor dem Scheitern; von der Angst vor Armut;
von der Angst vor Verlust; von der Angst vor Einsamkeit;
von der Angst vor Krankheit und Schmerz;
von der Angst vor dem Alter; und von der Angst vor dem Tod.

Durch deinen Segen gib uns Vertrauen
auf deinen Beistand in all unseren Ängsten.
Durch deinen Segen gib uns die Kraft
die Ängste auszuhalten.
Durch deinen Segen gib uns den Mut,
die Ängste zu wandeln.
Durch deinen Segen
lass uns zum Segen für andere werden.

Wer meine Gedanken kauft

Wer meine Gedanken kauft,
kauft keinen Honigtopf
nach jedermanns Geschmack.
Er kauft das Pochen
der Seelen von Millionen,
die hungrig, nackt und krank
sich sehnen, fordern, warten.

Wer meine Gedanken kauft,
kauft keinen falschen Schein
von Götzen und Orakeln.

Er kauft die Gedanken
rastloser Jugend,
die zwischen Kulturen
prüft und fragt und wählt.

Wer meine Gedanken kauft,
der kauft den Geist der Zeit,
ein unauslöschlich Feuer.
In allen edlen Herzen,
die leiden, glimmt es hin,
glimmt es über die Erde,
zerstört und läutert und fegt.

Vergib uns

Allmächtiger Gott, wir bitten dich in Demut;
lass uns werden
wie Bäume am Ufer des Wassers,
damit wir in unserem Leben
zur rechten Zeit gute Früchte tragen.
Vergib uns vergangene Missetaten,
heilige uns jetzt, und leite uns in allem,
was wir in Zukunft sein sollen,
um Christi willen.

Ruanda

Für die Witwen in Ruanda

Jesus, als Kleinkind hat sich die alte Witwe Hanna
deiner angenommen, später hat dich die trauernde Witwe
in Nain zum Erbarmen gebracht, du warst angerührt von den
Gaben der armen Witwe im Tempel, du hattest acht auf deine verwitwete Mutter, als du am Kreuz hingst, und du hast in deiner Zeit auf Erden
die vertrauensvolle Unterstützung verwitweter Frauen, die zu deinen Weggefährtinnen gehörten, gern angenommen.
Wir bitten dich, segne und stärke all die Witwen in Ruanda, die inzwischen
viele Aufgaben in den Kirchen übernommen haben, die früher allein Männern vorbehalten waren. Gib ihnen Freundinnen und Freunde, und eine Gemeinschaft, die sie und ihre Geschenke schätzt. Gib ihnen ein waches Bewusstsein dafür, dass sie in Gemeinschaft leben mit den Heiligen, damit sie
ermutigt und gestützt werden. Dies bitten wir um deiner liebenden Gnade
willen.

Gebet für die Kinder

Herr, du weißt, es gibt auch die Kinder.
Diese Kleinen mit den hellen Augen,
diese Seelen mit den engelgleichen Herzen.
Es sind so viele in Rwanda!
Schau Herr: Auf ihrem Kindergesicht spiegelt sich schon das Elend ...
Unter ihrer zarten Haut ist das Fleisch zusammengeschrumpft.
In ihnen wächst das Leben nicht mehr.
DAWE, die du liebhast, sind krank.
Sie sind ertrunken im Meer der Armut und der Unwissenheit
ihrer Mütter – ganz zu schweigen von der Gleichgültigkeit ihrer Väter.

DAWE, diese Kleinen sind dein Samen.
Lass ihn nicht auf unfruchtbaren Boden fallen,

auch nicht auf steinigen Boden,
oder unter die Dornen oder das hohe Unkraut,
oder auf unfruchtbaren Wegen.
Lass ihn vielmehr auf den Boden fallen,
den deine heiligen Hände zuvor umgegraben haben.

DAWE, der du über das Leben deiner Kinder wachst,
sei ein Vorbild für die Eltern,
mache sie deinem Vaterherzen gleich.

In dir liegt Hoffnung

Allmächtiger Gott, unser Vater, in Jesu Namen wende ich mich an dich mit meinen Bitten. Du bist Immanuel, Gott mit uns. Du liebst uns alle. Wir wissen, dass du dich nicht freust, wenn dein Volk unter hoffnungslosen Bedingungen lebt. Feindseligkeiten haben uns zu Flüchtlingen im eigenen Land gemacht. Wir haben nicht genug Kleidung, nicht genügend Nahrung, und auch unsere Gärten werden nicht mehr bebaut, weil wir sie verlassen haben und weit weg in Lagern leben. An einem Tag leiden wir unter sengender Sonne, am nächsten Tag unter heftigem Regen. Unsere Kinder gehen nicht in die Schule. Oh Herr, hilf uns, diese Situation zu überwinden. Oh Herr, mach dem Kämpfen ein Ende und beseitige die dahinter stehenden Ursachen. Herr, wir bitten um die Wiederherstellung des Friedens in unserem Land, damit wir an unsere Wohnorte zurückkehren und unsere Gärten wieder bebauen können, um unsere Familien zu ernähren.
Oh Herr, wir wissen, dass du am Kreuz die Sünden unserer Nation auf dich genommen hast. Höre uns und handle ganz schnell. Viele Leute – ganz besonders Kinder und alte Leute – sterben Tag für Tag in unseren Lagern. Junge Leute werden täglich schwächer. Herr Jesus, sieh auf die Lager der Verschleppten und tue etwas gegen die dort herrschenden unhygienischen Verhältnisse.
Mein Retter, in dir liegt die Hoffnung; du bist der auferstandene Herr; du bist der König der Könige; du bist der allmächtige Heiland; du bist der Fürst des Friedens. Komm, Jesus, komm und bring uns Frieden.

Sambia

Gebet eines Jungen

Vater im Himmel,
lass mich auch so groß
werden wie mein Vater.
Hilf mir, dass ich
schneller wachse.

Gefangenschaft im Konfessionalismus

Allmächtiger und ewiger Gott,
wir erheben flehend unsere Augen zu dir,
wir suchen nach Hilfe und Führung umgeben von so vielen Problemen.
Komm und zeige uns,
wie wir den Flüchtlingen und den Unterdrückten dienen können,
wie wir denen, die um soziale Gerechtigkeit kämpfen, beistehen können.
Komm und befreie uns von unserer Gefangenschaft im Konfessionalismus
und mach uns zu Instrumenten der Versöhnung und der Einheit.
Gib uns den Willen, dich zu lieben und dir zu dienen
durch die Liebe und den Dienst am Anderen.

Mensch geworden

Jesus, schwarz, braun, gelb oder weiß.
Jesus, ich danke dir,
dass du ein Jugendlicher warst
wie alle Jugendlichen,
schwarz, braun, gelb oder weiß.
Jesus, ich danke dir,
dass du ein Jugendlicher warst wie wir,
ein Hirtenkind, ein Arbeiterkind,
ein Königskind, ein frohes Kind.
Jesus, ich danke dir,
dass du mit uns lebst,
täglich in unserer Mitte.
Du weinst mit uns.
Du freust dich mit uns.
Du hungerst mit uns.
Du lernst mit uns.
Du segnest uns.
Jesus, ich bitte dich,
hilf allen Jugendlichen,
den vielen, die Hunger haben,
den vielen, die krank sind,
den vielen, die behindert sind,
den vielen, die auf der Flucht sind,
den vielen, die reich sind.
Jesus, segne alle:
die Großen und die Kleinen.
Hilf ihnen,
dass sie zu dir beten,
dass sie an dich glauben,
dass sie mit dir lieben,
dass sie dir und allen Menschen dienen.

Sao Tomé und Príncipe

Im Kreuz ist Leben

Das Kreuz ist die Hoffnung der Christen.
Das Kreuz ist die Auferstehung von den Toten.
Das Kreuz ist der Weg für die Verirrten.
Das Kreuz ist die Rettung für die Verlorenen.
Das Kreuz ist der Stab für die Lahmen.
Das Kreuz ist der Führer der Blinden.
Das Kreuz ist die Stärke für die Schwachen.
Das Kreuz ist der Arzt für die Kranken.
Das Kreuz ist das Ziel der Priester.
Das Kreuz ist die Hoffnung der Hoffnungslosen.
Das Kreuz ist die Freiheit für die Sklaven.
Das Kreuz ist das Wasser für den Samen.
Das Kreuz ist der Trost für die Leibeigenen.
Das Kreuz ist die Quelle für die, die Wasser suchen.
Das Kreuz ist der Mantel für die Nackten.
Wir danken dir, Vater, für das Kreuz.

Senegal

Bitte um mehr Brüderlichkeit

Allmächtiger Vater,
ein jeder in diesem Land ist dein Kind:
die Millionen, die an jedem Morgen
zur Arbeit gehen,
die Mütter mit ihren Kindern,
die jungen Leute in den Diskotheken,
die Kranken, die Alten, die Sterbenden,
die Verbrecher und die Gefangenen,
die Schüler und die Lehrer,
die Sportler,
die Angestellten in meinem Haus,
die Unterdrückten,
die Opfer des Rassenhasses,
die Glücklichen und die Traurigen.
Hilf mir,
dass ich sie als deine Kinder annehme,
als meine Brüder und Schwestern.
Erfülle mich mit dem Mitleid Christi.
Lass mich sie umsorgen und sie verstehen.
Lehre mich, dass ich mich ganz hingebe,
nicht in einer Geste der Großzügigkeit,
sondern von ganzem Herzen.
Zeige mir, wie ich als Christ leben soll.
Erfülle mich mit deinem Geist.
Lass mich ein Teil von dir sein,
ein Missionar,
der seinen Brüdern und Schwestern dient,
wo sie auch sein mögen
und wo ich selbst sein mag,
in meinem Heim,

in meiner Stadt,
in meinem Land,
mach aus mir einen Missionar
um Christi willen.
Amen.

Ich freue mich, Herr!

Die Nacht ist verflattert,
und ich freue mich am Licht.
So ein Tag, Herr, so ein Tag.

Deine Sonne hat den Tau weggebrannt
vom Gras und von unseren Herzen.
Was da aus uns kommt,
was da um uns ist an diesem Morgen,
das ist Dank!

Herr, ich freue mich an der Schöpfung.
Und dass du dahinter bist und daneben
und davor und darüber und in uns.

Ich freue mich, Herr,
ich freue mich und freue mich.
Die Psalmen singen von deiner Liebe,
die Propheten verkünden sie,
und wir erfahren sie!

Ein neuer Tag, der glitzert und knistert,
knallt und jubiliert
von deiner Liebe.
Jeden Tag machst du,
Halleluja, Herr!

Wir sind so froh

Herr, himmlischer Vater,
du hörst uns hier beten.
Du hörst unsere Brüder und Schwestern in Afrika beten;
in Asien, in Australien, in Amerika und in Europa.
Wir sind alle eins im Gebet.
Wir loben und preisen dich;
wir bitten dich darum,
dass wir deinen Auftrag richtig ausführen dürfen;
zu verkünden und zu lieben.
Herr, solange wir noch Schuhe an den Füßen haben,
lass uns für Menschen bitten, die keine Füße haben.
Wir sind alle deine Kinder.
Herr, wir brauchen dich.
Wir brauchen deine Liebe,
damit wir uns untereinander
lieben können.
Herr, wir sind so froh,
dass wir zu deinem Stamm
gehören.

Sierra Leone

Bitte an die Vorfahren

Ihr Toten, ihr Verstorbenen, hört uns!
Ihr seid ja gütig und ohne jegliche Schuld.
Ihr Vorfahren, hört uns.
Ihr wisst alles und zeigt uns den Weg.
Ihr seid weder blind noch taub unserem
Leben gegenüber, denn ihr selbst habt es einmal
mit den Menschen geteilt, und gelebt.
Deswegen helft uns hier, denn wir achten und
verehren euch. Wir tun auch Gutes.

Gebet um Leben und um das Ende des Krieges

Heute sind wir alle zu dir gekommen, o Gott.
Ist jemand unter uns krank, dann mach ihn,
bitte, gesund. Halte von unseren Kinder alles,
was ihnen schadet, fern: die bösen Menschen
und alles andere, was Unglück bringt.
Lass es nicht zu, dass uns jemand Krieg bringt.
Lass es nicht zu, dass man unsere Stadt durch
Krieg zerstört.
Lass niemanden von uns im Krieg verloren gehen.
Lass unsere Frauen nicht im Kindbett sterben.

Simbabwe

Einsamkeit

Einsamkeit klebt an meinem Herzen.
Sie gleicht der Wüste –
kein Baum, kein Strauch, kein Grün,
keine Farbe, keine Hoffnung.
Düsterkeit dämmert dahin,
Winde flauen ab,
Vögel schweigen.
Einsamkeit sucht mich heim.
Ich wandere, ohne irgendwo anzukommen;
müde und matt sind meine Glieder.
Einsamkeit folgt mir wie mein Körperschatten.
Kalte Ketten kleben an meinem Leibe.
Stunden werden zu Tage, Tage zu Monaten.
Alles Mühen ist umsonst;
jedermann meidet mich.
Einsamkeit ist mein Name.
Wie lange noch?
Herr, der du die Einsamkeit kanntest,
der du weißt, wie Traurigkeit schmeckt,
schenke mir ein wenig von der Freude der Vögel,
von dem Jubel der Sterne.
Herr, sei mir Freund und Geliebter.

Ich bin mitten unter ihnen

Wir bitten dich, Jesus:
Sei mitten unter uns an diesem Orte,
wir sind hier in deinem Hause,
komm, wie du gesagt hast!

Du hast gesagt: Dort wo zwei
oder drei zusammenkommen,
wie sie sich um mein Wort versammeln,
da will auch ich bei ihnen sein.

Wir vertrauen auf dich,
wie auf dies dein Wort;
höre unser Gebet;
gib uns deine Freunde!

Wir leiden darunter, dass es noch immer keine Einheit gibt

Wenn unser Bemühen zusammenzuwachsen
durch Misstrauen und Angst begraben wird, –
wenn die Wege in die Zukunft
durch unbewegliche Steine blockiert werden,
dann bringe uns zur Umkehr, Gott,
damit wir fähig werden,
dir zu folgen,
so wie dir einst die Frauen gefolgt sind.

Wir leiden darunter,
dass es noch immer keine Einheit
der Kirchen gibt.

Bringe uns in Bewegung,
bis wir die Kraft entdecken,
die den Stein von den Gräbern
unseres Eigensinnes wälzt.

Somalia

Er spende Kühlung

Nun geht hin,
und obwohl euer Weg
durch luftlose Wälder voller Hagarbäume führt,
an Orte, die von der Hitze durchdrungen sind, erstickend und trocken,
dort, wo das Atmen schwer ist und keine frische Brise hingelangt –
möge Gott einen Schild der kühlsten Luft
zwischen eure Körper und die versengende Sonne halten.
Und in einer willkürlichen, brennenden Flamme des Windes,
der die schmerzende Kehle austrocknet und das Fleisch ausdörrt,
möge Gott in seinem Mitleid euch den großen Baum
mit den vielen Ästen finden lassen, der Schutz und Schatten bietet.

Verzweifelte Bitte um Regen

Du, der du alle deine Geschöpfe ernährst, o Gott,
fülle die Brustwarzen des Regens mit Wasser!

Du, der du Wasser in Ozeane gegossen hast, o Gott,
mach dieses, dein Land wieder fruchtbar!

Du nimmst unsere Buße an, die reich ist, o Gott,
sammle Wasser in den Flussbetten, die ausgetrocknet sind!

Du, der du herrlich und wahrhaft grenzenlos bist, o Gott,
unsere Schreie haben uns zunichte gemacht,
schenke uns einen Regenschauer!

Du, der du mild bist und wahrhaft verherrlicht wirst, o Gott,
gieß Wasser aus für die Tiere, die durstig sind!

Schöpfer der Natur, der alles gemacht hat, o Gott,
wandle unseren Untergang in Segen und etwas Gutes!

Wir haben uns an vieles erinnert, o Gott, der sich erinnert,
lockere den Regen für uns in den Wolken!

Du, der du voller Erbarmen und Mitgefühl bist, o Gott,
gieß Regen aus dem Himmel für alle, die in Not sind!

Du bist die Wahrheit, o Schöpfer Gott,
wir nehmen demütig an, was immer du sagst!

Du, der du über Gut und Böse Recht sprichst, o Gott,
wir sind in diesem Land gebrochen, melke die Wolken hoch droben!

Du hast die Erde und den Himmel geschaffen, o Gott,
wir können kein Wasser bekommen, bringe uns Regentropfen!

Du wandelst die Dunkelheit der Nacht, o Gott,
und lässt das Tageslicht folgen; melke den Himmel in großzügiger Weise!

Du, der du für alle offen bist und sie speist, o Gott,
die Menschen haben sich zerstreut; sende deinen gesungen Regen!

Allmächtiger, vollkommener Ratgeber, o Gott,
gieße Regen für uns aus, der das Land nass macht!

Du, der du gütig bist, du Beschützer, o Gott,
wir können die Dürre nicht überleben, sende uns Regen aus deinem Vorrat!

Du, der du den Wind schickst, der die Bäume wiegt, o Gott,
dich preisen wir, schenke uns den guten Regen!

Du, der du verherrlicht wirst und der du Gebete erhörst, o Gott,
verteile den Regen über das ganze Land!

Somalia

Der du Siege verleihst, du Wohltäter, o Gott,
bring uns makellosen Regen, so dass wir dort wohnen können, wo er fällt!

Du bist der eine, dem wir vertrauen, o Gott,
du erhältst uns alle, gib deinem Volk Wasser!

Du, der du den Blitz aus den Wolken, die du aufgeladen hast, sprühst, o Gott,
du hast auch Macht über den Regen, der uns über alle Maßen zufriedenstellt!

Du, der du die Wasserlöcher in den Wadis füllst, o Gott,
lass Milch auf dieses Land regnen, Regen, der Sahne spendet!

Du, der du oft die sonderbarsten Plagen abgewehrt hast, o Gott,
an dich habe ich mich um Hilfe gewandt!

Südafrika

Farben kann man nicht lieben

Würdest du mich
tot wünschen,
weil ich dich liebe
und schwarz bin?
Verstoß mich nicht
aus deiner Sicht,
weil ich dich liebe
und weiß bin.
Kein Grund,
mich zu verachten,
weil ich dich liebe
und braun bin.
Wie die Farben
des Regenbogens
ist jeder von uns
verschieden.
Ich habe Recht,
im Unrecht sind sie.
Farben kann man
überhaupt nicht lieben.

Fürbitte für Afrika und uns

Gott,
unsere Gemeinde ist wie ein Buch, das viele Menschen
wahrnehmen, auch wenn sie die Bibel nicht mehr lesen:
Unser Verhalten, Reden und Lieben entscheidet über die
Glaubwürdigkeit deines Evangeliums. Deshalb gib uns die
Kraft und den Mut, das Bekenntnis unseres Glaubens, das
wir hier gesprochen haben, in unserem Alltag zu leben.

Bewahre unsere Hände,
unsere Zunge und unsere Augen davor,
etwas anderes zu tun, als was vor dir bestehen kann.
Wirke du durch uns,
dass Liebe und Frieden nicht Worten glauben,
sondern in unserem Leben Wirklichkeit werden.

Gib, dass wir uns nach deinem Wort richten,
nicht nach unseren eigenen Gedanken,
oder nach dem,
was die herrschende Meinung ist.

Hilf uns bei allem,
was wir über den Hunger in Afrika hören,
sehen und lesen, nicht vergessen,
dass die Menschen in Afrika unsere Schwestern und Brüder sind,
für deren Leben, Gesundheit und Zukunft
wir dir Verantwortung schulden.

Mache der Dürre ein Ende,
die in vielen Ländern Afrikas herrscht.
Wir beten zu dir für die vielen hungernden
Menschen in Afrika,
besonders für die Menschen
in Äthiopien, in der Sahelzone und in Südafrika.

Nicht nur mangelnder Regen und Missernte
sind die Ursachen des Hungers,
sondern Selbstsucht, Zwietracht und Hass unter
den Menschen,
von denen die einen sich bereichern
und die anderen unterdrückt und ausgebeutet werden.

Wir bitten dich für die vielen Flüchtlinge,
die aus ihrer Heimat vertrieben worden sind
und vertrieben werden.

Wir befehlen dir die Mütter und Väter an,
die das Leiden, Dahinsiechen und Sterben
ihrer Kinder ansehen müssen
und nicht helfen können.

Gott, erbarme du dich der Kinder, der Alten,
der Frauen und der Männer,
der Machtlosen und der Mächtigen,
damit nicht Elend und Qual,
Zerstörung und Tod herrschen,
sondern das Leben, das du verheißen hast.
Amen.

Ruhe

Lass mich langsamer gehen, Herr.

Entlaste das eilige Schlagen meines Herzens
durch das Stillwerden meiner Seele.

Lass meine hastigen Schritte stetiger werden
mit dem Blick auf die Weite der Ewigkeit.

Gib mir inmitten der Verwirrung des Tages
die Ruhe der ewigen Berge.

Löse die Anspannung meiner Nerven und Muskeln
durch die sanfte Musik der singenden Wasser,
die in meiner Erinnerung lebendig sind.

Lass mich die Zauberkraft des Schlafes erkennen,
die mich erneuert.

Lehre mich die Kunst des freien Augenblicks.
Lass mich langsamer gehen,

um eine Blume zu sehen,
ein paar Worte mit einem Freund zu wechseln,
einen Hund zu streicheln,
ein paar Zeilen in einem Buch zu lesen.

Lass mich langsamer gehen, Herr,
und gib mir den Wunsch,
meine Wurzeln tief in den ewigen Grund zu senken,
damit ich emporwachse
zu meiner wahren Bestimmung.

Sudan

Bitte um Menschlichkeit

Wir bitten dich
mit der Kirche im Sudan:

Wir erheben unsere Augen
und Hände zum Himmel.
Herr, wir bitten nicht um den Himmel.

Wir bitten um Nahrung,
um Frieden und Gleichheit,
um Liebe und Solidarität
unter den Menschen hier auf Erden.

Herr, jetzt hast du uns verwirrt.
Es ist schwierig, dich zu finden,
denn du bist zu uns gekommen
und hast dein Ebenbild
auf jedes menschliche Antlitz gedrückt.

Warum aber zeigen diese Gesichter
immer nur Konflikte,
Hass und Selbstsucht?

Herr, gib allen Menschen
ihre Menschlichkeit zurück!

Grenzen überwinden

Gott,
Schöpfer des Himmels und der Erde,
Vater aller Menschenkinder,
Guter Hirte von uns allen.
Deine Liebe ist größer, als unsere Herzen sie denken
und unsere Hoffnungen sie träumen könnten.
Wir danken dir für die Gabe des Friedens im neuen Sudan.
Begleite uns mit Anteilnahme und Leidenschaft
bei all unseren Bemühungen,
unseren Weg als aufrechte Menschen
mit vollen Rechten, in Freiheit und Würde weiterzugehen.
Sende aus deinen Geist
und forme unsere Herzen zu einer Schale,
in der sich Hoffnung und Zuversicht auf eine gute Zukunft sammeln.
Mögen deine Liebe und Leidenschaft uns leuchten,
dass wir den Weg zueinander finden und Grenzen überwinden,
dass wir einander umarmen in unseren
unterschiedlichen Bedürfnissen,
dass wir eins werden an der Seite unseres
auferstandenen Herrn und Bruders Jesus Christus.
Amen.

Bringe uns Frieden

Segne, o Herr, alle, die dein Wort hören und es glauben.
Wir beten für die Menschen, die in abgelegenen Gebieten leben
und die Welt der Geister fürchten,
dass sie deine Macht als Erlöser der Welt kennen lernen.
Bring unserem Land
und allen Teilen der Welt, in denen Unruhe herrscht, Frieden,
so dass das Evangelium der Erlösung
der ganzen Menschheit verkündet werde.
Dies beten wir in Jesu Namen.

Tansania

Asante heißt: Danke

Asante, Vater, für alles, was du gemacht hast.
Du gabst uns Nahrung, auch Wasser,
unseren Durst zu löschen.

Vater, wir danken dir für die Früchte, die du uns
gibst, Mangofrüchte und Apfelsinen.
Wir sagen Asante alle Tage.

Mache unsere Herzen zu Bäumen mit guten Früchten,
ganz guten Früchten, die dich unseren Vater, erfreuen.

Bringe die Einheit zustande!

Gott,
vergib uns,
dass wir diesen Skandal der Spaltungen
zu den Menschen tragen,
die zu der einen großen Familie des Glaubens
gehören wollen.

Die Kirche,
für die Jesus Christus starb,
ist zerrissen und zerspalten.

Die Menschen können es kaum fassen,
dass wir einen gemeinsamen Glauben haben
und vorgeben, ein und demselben Herrn zu folgen.
Gott,
bringe die Einheit zustande,

die du versprochen hast —
nicht morgen oder irgendwann,
sondern heute!

Wir fangen es an

Diesen Osterleuchter
entdeckte ich in einer Kirche
im Süden von Tansania.
Lange saß ich davor
und ließ ihn auf mich wirken,
zu mir sprechen:

Jesus Christus,
aus afrikanischem Holz geschnitzt.
Der Gekreuzigte
und Auferstandene –
der Lebendige
und Befreite
wird Mensch
durch unsere lebendige Verkündigung
hier und dort
und Menschen werden
lebendiger,
freier,
erlöster
hier und dort.
Heil ist möglich
von GOTT her.
Wir sagen es an.
Wir fangen es an.
Hier und dort.
DAS IST MISSION.

Togo

Ankunft

Er kommt,
er kommt herab aus dem Himmel,
mitten unter uns zu leben,
wie einer von uns zu leben,
unser himmlischer Gastgeber zu sein.
Lasst uns zu ihm beten
und ihm den Weg bereiten mit Palmzweigen,
Avo und Blumen.
Er kommt in größter Bescheidenheit,
um die Welt von ihren Sünden zu befreien.
Er hat sein Leben gegeben, um uns von unseren
Sünden zu erlösen.
Ja, er ist gekommen und möchte in unseren
Herzen leben,
damit wir zu Erben seines Reiches werden.
Lasst uns unseren König willkommen heißen
und vor ihm unsere Sünden bekennen.
Lasst uns erkennen, wie wir würdig werden
können für sein Reich.

Für die Kirche in Togo

Wir beten zu dir, Gott, für unsere Kirche,
die heute ihre Stimme laut erhebt,
damit sie in deinem Namen gehört wird.
Führe sie zurück zu ihrer Bestimmung als Wegweiserin,
dass sie erneut zu einer starken Kraft wird,
zum Salz, das dem Leben Geschmack gibt
für ein glückliches Leben.

Möge die Kirche das Licht sein,
das die Finsternis vertreibt, die Togo noch beherrscht.
Weise uns den Weg, wenn wir versuchen
eine Identität als vereintes Land aufzubauen,
damit schließlich ein neues Togo entsteht,
eine stabile Demokratie mit einer friedlichen
und versöhnten Gesellschaft,
ein Togo, das auf vorbildliche Weise die Menschenrechte achtet,
ein Togo, in dem die Wirtschaft floriert,
deren Früchte von allen geteilt werden.
Lass ein Volk entstehen, das im Licht des Tages wandelt,
das seinen Weg gradlinig geht,
ein Volk der Hoffnung, das auf dem Weg zum Glück ist.
Sende uns die Kraft deines Heiligen Geistes,
höre unsere Gebete,
verwandle uns in der Liebe zu deinem Sohn,
Jesus Christus.
Allmächtiger Gott, dir ist alles möglich,
denn dein sind das Reich und die Kraft und
die Herrlichkeit.
Amen.

Sieh' unser Land an

Herr, sieh' unser Land an,
es nennt sich Togo.
Seine Schönheit, das ist das Meer, die Lagune,
die Urwaldriesen und die Affenbrotbäume,
der Agou und die Chaîne d'Aledjo,
die Steppe, die der Harmatan in staubigen Nebel hüllt
und das Dorf durchzogen von Kokospalmen,
das in einer Waldlichtung erblüht.
Die Idylle täuscht.
Ruinen eines verlassenen Hauses trüben den Blick.
Die Gemäuer atmen Verlassenheit.

Viele sind schon gegangen.
Andere bleiben.
Sie haben sich daran gewöhnt mit wenig auszukommen,
zu hungern, zu leiden.
Sie leiden an Armut, Unglück und Halbheiten aller Art.
Sie leiden an Egoismus und der Arroganz derer, die haben;
an Gleichgültigkeit, Rachsucht, Neid und fehlendem Gemeinsinn.
Sie leiden an der Angst, die umgeht, die Angst vor dem anderen,
die Angst vor dem bösen Zauber,
die Angst vor denen, die die Seele fressen.
Nein Herr, lass sie leben, die Seelen.
Lass Liebe und Tugend wachsen, zeig neue Talente und gib Mut.
Schenke Klugheit und Verantwortung.
Lass uns vertrauen auf dein Wort,
lass uns erkennen, dass du,
der leidenschaftlich liebende starke Gott,
alle Menschen retten willst,
dein Reich komme.
Lass die Freude, die sich in Tänzen, Liedern und buntem Spaß
auf den Märkten und Höfen zeigt,
Wahrheit des Lebens werden,
Wahrheit, die einlädt zum Handeln
zu einer neuen Gemeinschaft
in Frieden.
Amen.

Tschad

Warten

Komm, Gott, und bedecke uns mit der Nacht.
Breite deine Gnade über uns aus,
wie du es uns versprochen hast.
Deine Zusagen sind zahlreicher als alle Sterne am Himmel,
und dein Erbarmen ist tiefer als die Nacht.
Gott, es wird bitter kalt.
Die Nacht kommt mit dem Atem des Todes.
Die Nacht kommt, das Ende naht,
da kommt auch Jesus.
Gott, wir warten auf ihn Tag und Nacht.

Uganda

Gebet eines Verzweifelten

Liebender Vater,
jeden Tag sagen uns die Politiker,
wir sollten das Elend
durch bessere Landwirtschaft ausrotten.
Aber es fehlt uns an landwirtschaftlichem Wissen.
Sie sagen uns,
wir sollten die Kranken ins Hospital bringen.
Aber es fehlt uns an Geld für ihre Beförderung.
Wir schicken unsere Kinder in die Schule, Vater;
aber wenn sie dort gewesen sind,
helfen sie uns nicht mehr, beachten sie uns nicht mehr,
lehnen sie uns und ihr Zuhause ab.
Es ist Zerrissenheit in deiner Welt,
sie ist Schuld an all diesem Elend.
Liebender Vater,
lass uns erkennen,
dass nur durch Christi Liebe
Frieden und Freude in der Welt
Wirklichkeit werden.
Amen.

Gott vertrauen

Gott, der unseren Kindern
das Leben einhaucht.
Er ist geduldig,
er ist nicht ärgerlich.
Er sitzt in Schweigen und Stille,
um Urteile zu fällen.

Er sieht dich – selbst wenn
er nicht hinsieht.
Er ist weit entfernt,
aber seine Augen liegen auf
der Stadt.
Er steht seinen Kindern bei
und lässt sie ihr Ziel
erreichen.
Er bringt sie zum Lachen,
und sie lachen.
Gott ist der Vater des
Lachens, seine Augen sind
voller Freude.

Vor dem Essen

Herr, unser Gott, du sorgst für uns.
Du kümmerst dich um die Bedürfnisse
des Geistes und des Körpers.
Wir bitten dich:
Segne dieses Essen,
das du uns in deiner Güte geschenkt hast,
und die, die es uns bereitet haben.
Segne auch uns,
die wir dieses Essen zu uns nehmen,
auf dass es uns die Kraft gibt,
dir zu dienen in unseren Nächsten.
Wir bitten dich im Namen Jesu,
unseres Bruders und Herrn.
Amen.

Zentralafrikanische Republik

Ein Herz wie das einer Mutter

Mein Gott, ich preise dich, ich danke dir für meine Mutter.
Für alles, was sie mir geben konnte,
für alles, was sie mir von sich selbst gegeben hat,
eine wahre, lebendige Schule der Liebe und Demut.
Sie hat mir dein Geheimnis enthüllt –
ich danke dir dafür, dass sie mir deine Wahrheit offenbart hat.

Jetzt, oh Gott, bete ich für alle Kinder
in Afrika, in Asien,
in Nord- und Südamerika und in Europa,
für alle Kinder auf der Welt.
Schenke mir ein Herz wie das einer Mutter,
das Herz einer schwarzen Mutter für ihre Kinder.

Überall und immerdar

Die Medizinmänner zittern am ganzen Leib,
die Magier sterben
und was sie tun, zerfällt zu Asche.
Aber das Wort Jesu ist lebendig
härter als Stein
und funkelnder als jeder Diamant.
Vom Osten bis zum Westen,
vom Norden bis zum Süden,
von Amerika bis Madagaskar.
Ob wir schwarz oder weiß sind,
rot oder gelb,
dein Wort erfreut alle unsere Herzen.

Schutz vor Tieren

Wenn wir ausgehen in den Wald,
und schreiten vorüber am schlafenden Löwen,
an der Schlange, die dicht am Boden beißt,
und wenn dann Imana für uns ist,
so behütet er uns vor all diesen Ungeheuern.

Wenn aber Imana gegen uns ist,
so kann alles das den Menschen töten,
selbst ein Goldäffchen tötet ihn.
Wenn er mit Imana ist,
so kann kein Tier es mit ihm aufnehmen
noch die Geister, noch auch irgendein anderes Wesen.

Asien

Afghanistan

Ganz Afghanistan schreit zu dir

Und deshalb knie ich barfuß, zur Nachtzeit,
wenn mein Volk schläft,
nah beim Altar meiner kleinen Kapelle,
und werde zu ihrem Fürsprecher –
wie Abraham, Jakob, Moses oder Jesus.
Ein Stück Sandelholz verströmt seinen Duft,
das Symbol all derer, die sich heute ausgebrannt fühlen
von ihrer Arbeit in Leid oder Liebe.
Und hier bin ich, niedergebeugt
von allen Fehlern meines Volkes, geplagt von all ihren Sorgen,
schwer gebeugt von all ihren Hoffnungen –
all denen, die sich heute zum Schlafen niedergelegt haben
und nur daran denken, einen Richter zu treffen,
stelle ich dich als ihren Heiland vor
und führe sie zum ewigen Hochzeitsfest.
Alle kleinen Kinder, die an diesem Tag geboren wurden,
mache ich zu deinen Kindern.
Alle Gebete, die heute in den Häusern und Moscheen gesprochen wurden,
wandle ich in ein „Vaterunser" um.
Mein Herz ist nicht mehr als der Schmelztiegel,
wo, im Feuer deiner Liebe, aller Auswurf und Unrat meines Volkes
in Gold verwandelt wird –
und durch meinen Mund
schreit ganz Afghanistan das „Abba" zu dir,
das der Heilige Geist eingibt.

Armenien

Alle Völker und Nationen

Vom Osten bis zum Westen,
vom Norden und vom Süden
preisen alle Nationen und Völker dich,
den Schöpfer alles Geschaffenen, mit neuem Segen,
denn du schufst das Licht des Sonnenaufgangs
heute über der ganzen Welt.

O ihr Gemeinden des Gerechten,
die die Heilige Dreieinigkeit im Morgen des Lichtes verherrlichen,
preist Christus, den Morgen des Friedens,
zusammen mit dem Vater und dem Heiligen Geist;
denn er lässt das Licht seiner Weisheit über uns scheinen.

Dein Licht

Wir danken dir, o Herr unser Gott, der du durch das sichtbare Licht
allen deinen Geschöpfen Freude schenkst
und durch das himmlische Licht deiner Gebote alle erleuchtest,
die an dich glauben.
Stärke uns, o Gott,
damit wir deine Gebote, die unseren Geist erleuchtet haben,
an diesem Tag und zu allen Zeiten halten.
Mögen wir deinen Willen tun
und gemeinsam mit allen Heiligen deine himmlischen Geschenke
empfangen durch die Gnade und das Erbarmen
unseres Herrn und Erlösers Jesus Christus,
dem Herrschaft, Ruhm und Ehre gebührt,
jetzt und immerdar und in alle Ewigkeit.

Sehnsucht

Nach dir, gütiger Herr, sehne ich mich,
nach dir, meinem barmherzigen Vater, verlange ich.
Habe Mitleid mit mir Sünder
und nimm mich auf wie den verlorenen Sohn.
Stille meinen Hunger mit deiner Liebe
und meinen Durst mit deinem überreichen Gnadenstrom.
Denn immer verlange ich, mich dir zu nahen,
ich sehne mich, zu dir aufzuschauen immerdar.
Immer sehne ich mich nach deiner Gnade,
stets bin ich deiner Barmherzigkeit bedürftig.
Verurteile mich nicht mit den Bestraften
und richte mich nicht mit den Verhassten.
Nimm mich auf mit denen, die deinen Willen tun,
und errette mich mit denen, die deine Gebote halten.
Denn wenn du unnachsichtig meine Vergehen prüfst,
ist für mich die Auferstehungsverheißung eitel.
Denn dann wäre mein Erbanteil das Feuer der Hölle.
Denn wenn du über meine Verdammungswürdigkeit
und meine ungeziemenden Gedanken urteilen würdest,
so wäre ich glücklich, wenn ich aus dem Mutterleibe
überhaupt nicht hervorgegangen wäre.
Doch höre du denn auf mein Bitten und Flehen
und schließe mich nicht aus von deiner Barmherzigkeit,
der ich nach deiner Barmherzigkeit mich sehne
und deines Erbarmens bedürftig bin.
Denn unablässig habe ich meinen Leib befleckt
und fortwährend meine Seele hässlich entstellt,
nicht nur durch einen schlechten Lebenswandel,
sondern auch durch sündhafte Gedanken.

Bangladesch

Herrscher über die Naturgewalten

Herr des Sturmes,
gib allen, die an Ufern gefährlicher Meere
und an unberechenbaren Flüssen leben,
Frieden an Leib und Seele
und versichere sie deiner Gegenwart,
wann immer sie deiner bedürfen.

Reinige uns

O Gott,
wir treten vor dich
mit unreinen Herzen,
mit Eigensucht in den Gedanken
und entstellten Körpern.

Aber in deiner Gnade
berührst du uns
und machst uns rein und vollkommen.
Wir tanzen vor Freude,
wir singen in Freiheit
und wir schwimmen in Liebe.

Wir danken dir für deine Gnade
und beten, dass du uns
auch in Zukunft berühren mögest,
damit wir den Weg
zu wahrer Freude finden können.

Sauerteig für viele Menschen

Liebevoller Gott!
Wir danken dir für deine vielen Gaben in der Natur
und für deine Gnaden,
insbesondere für unsere Berufung,
um unserem Volk deine Frohbotschaft zu verkünden.
Die große Mehrheit unseres Volkes sind Muslime,
wir Christen sind nur eine kleine Minderheit.
Hilf uns, dass wir der Sauerteig sind
für die vielen Menschen um uns her,
die wir unsere Geschwister nennen.
Amen.

Birma/Burma/Myanmar

Am Morgen

Vater,
wir danken dir für die Nacht
und für das gesegnete Morgenlicht,
für Ruhe, Nahrung und liebevolles Sorgen,
für alles, womit du uns versorgt hast.
Schenk uns Liebe!
Lass uns freundlich sein zu allen
bei der Arbeit und bei der Erholung.
Lass uns heute einen fröhlichen Tag erleben.
Amen.

Mein Herr, und mein Gott

Für mein Leben
will ich nicht darum bitten,
dass Sorge und Not mir keine Gewalt antun.
Gib mir jedoch den Geist der Geduld,
sie ohne Geschrei zu erleiden.

Für mein Leben
will ich nicht darum bitten,
dass Probleme und Schmerzen mich nicht
zum Weinen bringen.
Gib mir jedoch den Geist des Mutes,
ihnen ohne Angst ins Auge zu sehen.

Für mein Leben
will ich nicht darum bitten,
dass ich der Straße inmitten von Dornen

und Disteln entkomme.
Gib mir jedoch den Geist der Standhaftigkeit dessen,
der fröhlich weiter geht.

Für mein Leben
will ich nicht darum bitten,
dass Enttäuschung und einsames Wandern
aus mir keinen traurigen Reisenden machen.
Sei jedoch mit mir, Herr,
wenn ich mich verlassen fühle,
verzweifelt bin.
Aus Herzensgrund flüstere ich dir dies zu.

Weitblick

O Gott, unser himmlischer Vater,
du bist der Autor und die Quelle
der großen Gebote und des großen Auftrags.
Gewähre uns Weitblick für die Evangelisierung
heute und in diesem Millenium.
Wir beten für die Armen, die Verkrüppelten und die Vertriebenen,
wir beten für die Studierenden der Theologie unserer Lehranstalten –
lass sie deine Gebote und deinen Auftrag erkennen.
Lass uns zum Licht und zum Salz der Erde werden.
In all dem Pomp und Gepränge unserer Tradition
lass die Menschen jenen demütigen Galiläer sehen,
in dessen Namen wir beten.

China

Das ist mein Leib

Das ist mein Leib: zerbrochen durch euch!
Gnädiger Gott,
hilf einer jeden und einem jeden von uns,
so großzügig und einfühlsam zu leben,
damit das Haupt der Kirche
niemals von uns sagen muss:
Das ist mein Leib – zerbrochen durch euch!

Hier bei mir

Jetzt bin ich auf dem Weg zur Arbeit:
Du bist da, hier bei mir.
Jetzt säe ich aus:
Du bist da, hier bei mir.
Jetzt hebe ich aus:
Du bist da, hier bei mir.
Jetzt ernte ich:
Du bist da, hier bei mir.
Jetzt gehe ich, nachdem alle Arbeit getan ist:
Du bist da, hier bei mir.
Jetzt bin ich zu Hause:
Du bist da, hier bei mir.
Ich sitze im Kreis mit meiner Familie:
Du bist da, hier bei mir.
Jetzt lege ich mich schlafen:
Du bist da, hier bei mir.
Gelobt seiest du für deine Liebe!

Für eine liebende Kirche

Herr, erwecke deine Kirche
und fange bei mir an.
Herr, baue deine Gemeinde
und fange bei mir an.
Herr, lass Frieden und Gotterkenntnis
überall auf Erden kommen
und fange bei mir an.
Herr, bringe deine Liebe und Wahrheit
zu allen Menschen
und fange bei mir an.

Wir alle sind Bibeln

Wir kehren nach Hause zurück zu den vielen,
die nicht lesen können.
Deshalb, Herr, mach uns zu Bibeln,
so dass alle, die das Buch nicht lesen können,
es in uns lesen können.

Hongkong

Geborgenheit

Gott hat sich hinter mich gestellt
mit seiner ganzen Kraft.
Ich bin nicht minderwertig.
Er führt mich
zu einer Gemeinschaft.
Geborgenheit und Würde
finde ich da.
Wenn ich verletzt bin,
lässt er mich meine Klage
herausschreiben,
er fängt mich wieder auf
und gibt mir Halt.

Mach uns eins

O Gott, unser Vater,
wir danken dir für unser tägliches Brot.
Wir danken dir für deine göttliche Fürsorge,
die diese rastlose Stadt erhalten hat,
die eine Heimat für Millionen ist.
Die Rastlosigkeit hat uns Kraft genommen,
und unsere Augen werden oft durch die Geschmacklosigkeit
des Lebens versucht.
Aber wir danken dir für das hart verdiente tägliche Brot,
das unseren Körper und unseren Stolz erhält.
Und jetzt, da unser Schicksal mit dem des chinesischen Mutterlandes
verknüpft ist, kommen wir mit zitternder Hoffnung
und ehrfurchtsvoller Freude zu dir.

Herr der Kirchen, mach uns eins.
Hilf uns, uns zu lieben so, wie du uns geliebt hast,
so dass alle erkennen, dass wir dir gehören.
Herr der Geschichte, mach uns stark.
Hilf uns, dass wir an diesem Tag so leben, als ob es morgen wäre,
so dass die Vergangenheit nicht länger die Zukunft gefangen hält.
Dein Wille geschehe in dieser Stadt.
Hab Gefallen an diesem Land und seinen Menschen,
und lass uns ein tatsächliches Zeichen deines Reiches bauen.
Dies bitten wir in Jesu Namen.

Indien

Hast du eine Antwort für Asien?

Du hast uns befohlen:
„Gehet hin und macht alle Völker
zu meinen Jüngern ..."
Geht nach Europa und Afrika,
nach Nord- und Südamerika.
Geht nach Asien und Australien.
Macht sie alle zu Jüngern.
Herr, lass uns einmal
eine Zeit lang nach Asien gehen,
wo die Mehrzahl der Menschen lebt,
Asien, wo in der Unruhe etwas von der Suche
nach dem wahren Menschen spürbar wird,
Asien, das langsam, aber sicher
in Bewegung geraten ist,
Asien, das um Selbstfindung
und Menschenrechte kämpft,
Asien, das sich gegen alte Traditionen auflehnt
und dennoch an seinen Werten festhält.
Asien, das nach neuen Gesellschaftsformen sucht,
die jedem seine Würde geben,
Asien, wo sich Demokratie
und Diktatur ständig abwechseln.
Lass uns einmal eine Zeit lang
nach Asien gehen,
wo die Mehrzahl der Menschen lebt.
Hast du eine Antwort für Asien, Herr?
Welches Gewicht hat deine Mission
für diesen Kontinent heute?
Hat die Kirche irgendeine hilfreiche Botschaft
weiterzugeben,
eine entscheidende Rolle zu spielen?

In Asien, bei der Suche nach
neuen Grundlagen, neuen Wegen,
neuen Dimensionen, neuem Sinn?

Herr, lehre mich beten

Herr, lehre mich beten,
wie die Schwalbe ihre Jungen fliegen lehrt,
wie die Ente ihre Küken schwimmen lehrt,
wie die Mutter ihr Kind sprechen lehrt.

Vergib mir, Herr,
ich rede im Gebet viel,
anstatt auf dich zu hören.
Ich hab keine Geduld,
auf deine Antwort zu warten.
Ich verstehe noch nicht,
dass du mir tausend Dinge, die ich brauche,
gegeben hast, ehe ich um sie bat.
Vergib mir, Herr!

Nimm von mir, Herr, meine Heuchelei:
Ich bete für die Hungernden,
bin aber nicht bereit, mit ihnen zu teilen,
was du mir gegeben hast.
Ich bete für die Kranken,
nehme mir aber keine Zeit,
mich an ihr Bett zu setzen.
Ich bete um Freiheit von der Sünde,
bin aber nicht bereit, andern zu sagen,
das du der Befreier bist.
Nimm von mir, Herr, meine Heuchelei!

Lass meine Gebete ein Gefährt sein,
das uns aus der Dunkelheit der Zweifel

in das Licht der Erkenntnis bringt,
das uns aus dem Sumpf der Schwäche
auf den Felsen der Kraft trägt,
das aus der Wüste der Traurigkeit
auf die Weiden der Freude befördert.

Lass meine Gebete
einen Blumenstrauß der Dankbarkeit
für dich sein, Herr,
denn du hast uns geholfen,
als Geld uns nicht helfen konnte,
als Arznei nichts ausrichtete
und unsere Weisheit am Ende war.

Wenn ich mit dir über die Welt spreche,
ist das Gebet.
Wenn ich mit der Welt über dich spreche,
ist das Zeugnis.
Wenn ich den von dir empfangenen Segen
mit anderen teile,
ist das Liebe.
Hilf uns, Herr, zum Zeugnis und zur Liebe.
Das ist mein Gebet.
Nimm es an.
Amen.

Komm, Heiliger Geist

Wenn du nur in den Herzen wohnst,
die treu sind,
wie kann ich dann durch dich gesegnet werden?
O Heiliger Geist,
komme in mein untreues Herz
und wandle es in ein Herz, das Treue hält.
Wenn du nur in den Herzen wohnst,

die rein sind,
wie kann ich dann durch dich gesegnet werden?
O Heiliger Geist, komme
in mein schmutziges Herz
und wandle es in ein reines Herz.
Wenn du nur in den Herzen wohnst,
die barmherzig sind,
wie kann ich dann durch dich gesegnet werden?
O Heiliger Geist, komme
in mein unbarmherziges Herz
und wandle es in ein barmherziges Herz.
Wenn du nur in den Herzen wohnst,
die gerecht sind,
wie kann ich dann durch dich gesegnet werden?
O Heiliger Geist, komme
in mein ungerechtes Herz
und wandle es in ein gerechtes Herz.
Wenn du nur in den Herzen wohnst,
die glauben,
wie kann ich dann durch dich gesegnet werden?
O Heiliger Geist, komme
in mein ungläubiges Herz
und wandle es in ein Herz, das glaubt.
O Heiliger Geist,
wenn du in mein Herz kommst,
werde ich reich gesegnet werden.
Meine Freude wird dann
die eines Blinden sein,
der sein Augenlicht wiedererhält,
die eines Tauben,
der sein Gehör wiederempfängt,
die eines Stummen,
der seine Sprache wiedergewinnt.
So groß wird meine Freude sein.
O Heiliger Geist,
komm in mein Herz.

Indonesien

Beende das unselige Streiten

Du schufst die Kontinente,
du machtest die Menschen
verschieden in Sprache und Kultur,
du ließest den Reis wachsen
seit Erinnerung der Menschen.
Du bist es, der in vielen Gesichtern der Religionen
erscheint.
Aber Du, Herr, bist es auch,
der uns Menschen zum Glauben
und Zweifeln bringt.

Herr, beende das unselige
Streiten zwischen den Kontinenten
und Rassen.
Schenke allen Menschen
deinen Glauben.
Gib Frieden für Asien und die Welt.
Gib Frieden und Harmonie
den Küsten, Steppen
und Dschungeln
meiner Heimat.

Herr, gib der Welt Frieden
und den Glauben an die Zukunft Deines Volkes.

Tischgebet, nach dem Essen

Gott unser Herr,
wir danken dir für dieses Mahl.
Besonders danken wir dir für IHN,
der gekommen ist, die Finsternis
(der Sünde) zu überwinden
und die Dunkelheit unseres Herzens
in das Licht deiner Freude zu verwandeln:
JESUS CHRISTUS, unser Herr.

Gott unser Vater,
durch den Genuss und die Freude
dieses Mahles hast du
uns mit neuer Kraft beschenkt.
Segne uns, damit wir unsere Kräfte dazu
nutzen, um als deine treuen Diener zu
leben und zu arbeiten.

Guter Herr,
du hast uns mit deinen Gaben gesättigt.
Lass nicht zu, dass irgend jemand
durch unsere Schuld Hunger
leiden muss.

Und es ward Abend und es ward Morgen

Und es ward Abend und es ward Morgen,
da wurden die geflügelten Wesen geschaffen:
die Düsenmaschinen, die Jäger und Bomber und Raketen,
ein jegliches nach seiner Art!

Dann wurden die Kriechtiere geschaffen:
die gepanzerten Mannschaftstransportwagen, die
Tanks und Kanonen,

auf Selbstfahrlafetten,
ein jegliches nach seiner Art.
Dann wurden geschaffen die Tiere unter den Wassern:
die Unterseeboote als Raketenträger,
ein jegliches nach seiner Art.

Und es ward Abend, und es ward Morgen.
Und plötzlich erbebte die Erde,
dröhnend vom Donner des Krieges
in Indochina und Palästina.

Und sie sahen sie an: Sie hatten den Kopf verloren!

Irak

Es ist würdig, dass jeder Mund
den verehrungswürdigen
und ruhmreichen Namen
deiner erhabenen Dreieinigkeit lobt,
jede Zunge sie bekennt,
und jede Kreatur sie anbetet und erhöht.
O Vater, Sohn und Heiliger Geist,
denn du hast die Welt in deiner Gnade
und ihre Bewohner in deinem Erbarmen geschaffen;
in deinem Mitgefühl hast du die Menschen erlöst
und den Sterblichen großes Erbarmen gezeigt.
Tausende und Abertausende verneigen sich in den Höhen
und beten deine Majestät an, o mein Herr,
und Zehntausende und Aberzehntausende heilige Engel
und geistige Heerscharen,
Gesandte des Feuers und des Geistes,
rühmen deinen Namen
mit den Cherubim und den geistigen Seraphim
beten sie deine Herrschaft an,
sie rufen und preisen dich endlos,
und sie rufen miteinander und sagen:
Heilig, heilig, heilig, ist der Herr, Gott der Heerscharen,
Himmel und Erde sind erfüllt von seinem Lob,
und seinem Wesen,
und der Herrlichkeit seiner glorreichen Pracht.
Hosanna in der Höhe. Hosanna dem Sohne Davids.
Gesegnet sei, der da kam und kommt im Namen des Herrn.
Hosanna in der Höhe.
Wir danken dir mit den himmlischen Heerscharen,
wir, deine schwachen, unwürdigen und elenden Diener, o mein Herr,
denn du hast ein großes Erbarmen in uns erweckt,
das wir nicht erwidern können,

denn du hast dich mit unserer Menschlichkeit bekleidet,
so dass du uns durch deine Gottheit zum Leben erwecken konntest.
Du hast unseren niedrigen Zustand erhöht,
hast uns vom Fall erhoben,
unserer Sterblichkeit neues Leben verliehen,
unsere Schulden vergeben,
unsere Sündhaftigkeit berichtigt,
unseren Geist erleuchtet,
und, unser Herr und unser Gott,
du hast unsere Feinde besiegt
und der Schwäche unseres unwürdigen Wesens
durch das Übermaß des Erbarmens deiner Gnade den Sieg geschenkt.
Für all deine Hilfe und Gnade
bringen wir dir Dank, Ehre, Lobpreis und Anbetung dar,
jetzt, immer und in alle Ewigkeit.
Amen.

Erleuchte uns

O unser Herr und Gott,
erleuchte uns, unsere eigenen Gedanken zu erkennen,
dass wir den angenehmen Klang
deiner Leben spendenden und göttlichen Anordnungen
wahrnehmen und sie verstehen.
In deiner Gnade und deinem Erbarmen gib,
dass sie uns Gewinn bringen werden –
Liebe, Hoffnung und Erlösung,
die für Leib und Seele von Nutzen sind.
Gib, dass wir dich zu jeder Stunde
ständig, ohne Ende preisen,
o Herr aller, Vater, Sohn und Heiliger Geist in alle Ewigkeit.

Iran

Für unsere Welt

Mein Gott, den ich verherrliche und anbete!
Ich bezeuge deine Einheit und deine Einzigkeit,
und ich erkenne deine Gaben an,
sowohl in der Vergangenheit als auch in der Gegenwart.
Du bist der Allgütige,
dessen überfließende Schauer des Erbarmens
sich auf die Hohen und die Niedrigen ergossen haben
und dessen Gnadenpracht
über die Gehorsamen wie über die Rebellierenden ausgegossen wurde.
O Gott des Erbarmens,
vor dessen Tor das Erbarmen selbst sich verneigt hat
und um dessen Heiligtum
zutiefst liebende Freundlichkeit kreiste.
Wir bitten dich, wir rufen deine Gnade aus alter Zeit an
und suchen dein Wohlwollen in der Gegenwart:
Erbarme dich all derer, die die heutige Welt verkörpern,
und verweigere ihnen nicht den Erweis deiner Gnade zu deiner Zeit.
Wir sind alle nur arm und bedürftig,
und du bist wahrhaftig der Allesbesitzende,
der Allesunterwerfende, der Allmächtige.

Lebendiges Wasser

Mach mein Gebet, o Jesus,
zu einer Quelle des lebendigen Wassers,
durch das ich so lange leben kann,
wie deine Herrschaft dauert,
und ich über dich
in allen deinen Welten sprechen kann.

Israel

Der Herr Zebaoth ist mit uns

Meine Seele sehnt sich nach dem Ewigen
mehr denn der Wächter nach dem Morgen.
So zieht ein traulich Lied voll Lieb und Gauben
mit heiligen Weisen durch unser Gemüt und singt von deiner Treue.
Deine Treue, wir künden sie, wenn dunkle Nacht umstarrt,
wenn güldner Morgen uns erglänzt.
Deine Treue, wir preisen sie, wenn frische Gräber sich öffnen,
wenn junges Leben froh uns begrüßt.
Auf deine Treue bauen wir im Wechsel der Zeiten und Jahre
und verherrlichen dich, unser Hort und Hirt,
mit dem alten seelenvollen Sang:
Der Herr Zebaoth ist mit uns,
eine Burg ist uns Jakobs Gott, Sela!

Für alle

Betet nicht
für Araber
oder Juden
oder Palästinenser
oder Israelis!
Sondern betet vielmehr
für uns,
dass wir sie nicht
in unseren Gebeten
trennen,
sondern sie
in unseren Herzen
zusammen halten.

Mauern niederreißen

O Herr, ich stehe heute vor einer acht Meter hohen Betonmauer in Abu Dis auf dem Ölberg. Wenn ich so auf die Mauer blicke, kann ich sehen, wie klein und machtlos ich bin. Ich erhebe mein Gesicht zum blauen Himmel und frage: „Braucht das Heilige Land eine Mauer?"

Als du, Jesus, am Kreuz in Jerusalem gekreuzigt wurdest, beunruhigten dich nicht die Sünden der Feindseligkeit, die tief in den Herzen der Menschen verankert waren?
Als dein Leiden den Höhepunkt erreichte an jenem Freitag, fand ein Erdbeben zum Zeitpunkt deines Todes statt und die Schranke, die Menschen von Gott und untereinander trennte, war das, was du niedergerissen hast.

Wir danken dir, unserm gekreuzigten Herrn, dass dein Tod am Kreuz uns Hoffnung gegeben hat und uns gezeigt hat, dass wir keine Mauern brauchen, weder zwischen dir und uns, noch zwischen uns und unseren Nachbarn. Stattdessen müssen wir die Menschlichkeit der anderen finden und akzeptieren.
Ich bitte:
Herr, vergib uns für die Mauern des Hasses und der Feindseligkeit,
die die Menschen so leicht schaffen.
Herr, vergib uns, dass wir deinem heiligen Wort gegenüber taub sind,
und hilf uns, dass wir uns daran erinnern, dass du kamst, um uns mit dir zu versöhnen und alle Schranken niederzureißen.
Herr, vergib uns, wenn wir dein wertvolles geopfertes Blut missbrauchen, indem wir unsere Hand nur unseren Freunden und denen, die wir lieben, reichen, und nicht unseren Feinden.

Herr, ich fühle mich machtlos, bin wütend und entmutigt vor dieser grauen Schranke der Trennung aus Beton. Bitte lass diesen Hass nicht in mein Herz dringen. Lasse nicht zu, dass mich die Furcht in all meinen Schwierigkeiten und in meiner Machtlosigkeit lähmt.

Ich bete darum, dass die Mauern verschwinden und dass
Feindschaft zu Nachbarschaftlichkeit wird,

dass Hass zu Liebe wird,
Tod zu Leben,
Verzweiflung zu Hoffnung
und Krieg zu Versöhnung.

Hilf mir, Herr, als machtloser Christ,
die aufopfernde Liebe und Vergebung,
die ich jeden Tag durch deinen Tod am Kreuz empfange,
zu erfahren und mit der Welt zu teilen.

Japan

Angst vor Atomwaffen

O Gott, unser himmlischer Vater,
weil die Atombomben auf Hiroshima und Nagasaki
geworfen wurden, wissen wir,
wie schrecklich diese Massenvernichtungswaffen sind,
wie sehr sie das Leben der Menschen zutiefst zerstören
und wie viel Leid sie über eine lange Zeit hinweg verursachen.
Es gibt heute in der Welt Atomwaffen,
die Verfall und Zerstörung verursachen können,
die um viele Male schlimmer wären.
O Herr, wir bitten dich, lenke die Herzen der Menschen in der Welt,
so dass ein Friede verwirklicht werden kann,
der nicht auf Waffen und dem Gleichgewicht
der militärischen Mächte beruht,
sondern auf Dialog, so dass alle Arten von Atomwaffen
vom Angesicht der Erde verschwinden.
Wir bitten dies durch unseren Herrn Jesus Christus.

Atempause

Du, Herr, gibst mir immer wieder
Augenblicke der Stille,
eine Atempause,
in der ich zu mir komme.
Du stellst mir Bilder vor die Seele,
die mich sammeln
und mir Gelassenheit geben.
Oft lässt du mir mühelos
irgendetwas gelingen,
und es überrascht mich selbst,
wie zuversichtlich ich sein kann.

Ich merke,
wenn man sich
dir anvertraut,
bleibt das Herz ruhig.

Moderner Psalm 23 (nach Toki Miyaschina)

Der Herr gibt mir für meine Arbeit
das Tempo an.
Ich brauche nicht zu hetzen.
Er gibt mir immer wieder einen
Augenblick der Stille,
eine Atempause, in der ich
zu mir komme.
Er stellt mir Bilder vor die Seele,
die mich sammeln
und mir Gelassenheit geben.
Oft lässt er mir mühelos
irgendetwas gelingen,
und es überrascht mich selbst,
wie zuversichtlich ich sein kann.
Ich merke: Wenn man sich diesem
Herrn anvertraut,
bleibt das Herz ruhig.
Obwohl ich viel zu viel Arbeit habe,
brauch ich doch den Frieden
nicht zu verlieren.
Er ist in jeder Stunde da
und in allen Dingen,
und so verliert alles andere
sein bedrohliches Gesicht.
Oft – mitten im Gedränge –
gibt er mir ein Erlebnis,
das mir Mut macht.
Das ist, als ob mir einer

eine Erfrischung reichte,
und dann ist der Friede da
und eine tiefe Geborgenheit.
Ich spüre, wie meine Kraft
dabei wächst,
wie ich ausgeglichen werde
und mir mein Tagewerk gelingt.
Darüber hinaus ist es einfach schön
zu wissen,
dass ich meinem Herrn
auf der Spur bin,
und dass ich, jetzt und immer,
bei ihm zu Hause bin.

Kambodscha

Brücken bauen

Gott, in all unserer Traurigkeit und Verzweiflung
fiel es uns schwer, dich zu erkennen.
Nun befinden wir uns in einer neuen Ära in Kambodscha,
in der es Ungleichheit zwischen Reich und Arm in unserem Land gibt.
Die Korrupten kennen nur sich selbst
und ihre eigenen selbstsüchtigen Bedürfnisse.
Bitte, Gott, hilf uns, die Not der Armen zu lindern
und die wahren sozialen Bedürfnisse unseres Landes anzusprechen.
Gott, erhöre unser Gebet.

Gegen die Mienen

Gott,
wir bitten darum, dass die Welt aufhört, Minen zu produzieren.
Wir bitten darum, dass die Welt aufhört, Minen zu legen.
Wir bitten darum, dass wir finanziell unterstützt werden,
damit wir die Minen beseitigen können,
so dass wir unsere Familien,
unser Dorf und unser Land wiederaufbauen können.

Kurdistan

An euch

Die feindselige Haltung gegenüber Flüchtlingen hat,
glaube ich, auch mit der katastrophalen Informationslage
in den westlichen Ländern zu tun.

Von euch aus werden weit mehr Bücher, Filme und Zeitschriften
in die „Dritte Welt" exportiert als umgekehrt.

Es gibt Statistiken, die beweisen, dass höchstens drei bis vier Prozent
eurer Information aus der „Dritten Welt" stammen.
Dort aber sind es 90 Prozent oder mehr,
die ein Weltbild aus eurer Sicht vermitteln.

Wie sollen Menschen bei euch,
die bildungsmäßig nicht privilegiert sind,
sich überhaupt eine Vorstellung machen können
von der Lebensweise und den Problemen
in anderen Kulturkreisen?

Für sie wird das Fremde
immer noch fremder.

Libanon

Einheit

Herr, höre uns.
Erwecke in uns den Wunsch nach der Einheit aller Christen
und wandle unsere Herzen.
Reinige unseren Glauben und entferne alle Auslegungen,
die rein menschlich sind.
Öffne uns für dein Wort, das der Kirche anvertraut wurde.
Lehre uns, o Herr, die Wege zu finden, die du uns jetzt eröffnet hast,
so dass deine Kirchen befähigt werden,
in Gemeinschaft zusammenzukommen.
Mach uns bereit, o Herr,
dass wir von nun an all die Dinge gemeinsam tun,
die unser Glaube uns gemeinsam zu tun erlaubt.

Für die Kinder

Für die Kinder unter uns und für die Gaben, die wir durch sie empfangen,
bitten wir dich, o Gott.
Für all die Armen im Geiste,
die deine Worte des Lebens freudig aufgenommen haben,
bitten wir dich, o Gott.
Für die Gesandten des Evangeliums, die in ihrer Armut zu deinen Zeugen
werden und so deine Liebe aufscheinen lassen,
bitten wir dich, o Gott.
Für all jene Kinder, die nicht als Kinder leben können,
die nicht genug Brot haben und die aller Liebe beraubt wurden,
bitten wir dich, o Gott.

Gebet eines Libanesen

Gott, Vater,
meine Nächte kennen den Schlaf nicht mehr.
Eingetaucht bin ich in ein Meer von Leid
und umgeben von Gefahr und Bedrohung,
nicht wissend,
wann ich die Beute des Hasses werde.
Mein Herz,
das dich liebte und dich besang,
kann jeden Augenblick zum Schweigen
gebracht werden.
Gott, mein Vater, erbarme dich unser.
Meine Nächte kennen den Schlaf nicht mehr,
es rühmen sich des Mutes diejenigen,
die das Blut von Kindern, Mütter
und Greisen vergießen.
Tausende erlitten den grausamsten Tod,
sie wurden hingeschlachtet
und zerstückelt,
verstümmelt und verkrüppelt,
ihre Leichen räumte man wie Kehricht beiseite.
Und die Kadaver ihrer Führer zerrte man
als Siegestrophäe durch die Straßen.
Dies alles geschah
im Namen des Nazareners,
unter der Flagge Mohammeds,
im Zeichen des Kreuzes
und des Halbmonds,
im Namen des einen Gottes,
der die Menschen als Brüder schuf.
o Gott, mein Vater!
Die Lichter in den Häusern erlöschen,
immer zahlreicher werden die Ruinen
und Geisterstädte um uns herum.
Und ich frage mich ohne Unterlass,

ob es nach der Nacht
noch einen Morgen gibt,
einen Morgen für die Weisheit des Orients,
für die Stimme seiner Propheten,
für die Lehren des Himmels,
die uns und allen hier
verkündet werden.

Malaysia

Hoffnungsschimmer

Herr Jesus, du hattest kein Haus, das dir gehörte;
du hast in Häusern gewohnt, die nicht dir gehörten.
Du weißt, was es für uns bedeutet,
Hausbesetzer zu sein und wütende, grunzende Bulldozer zu fürchten,
bereit, unsere Häuser niederzureißen, weil sie auf Land gebaut wurden,
das wir nicht unser Eigen nennen können.

Du hast in der Wildnis gefastet, als die Aasgeier um dich kreisten,
du hast die Hungerkrämpfe gefühlt, als die Tage zu Wochen wurden.
Du weißt, wie wir uns fühlen, wenn unsere Mägen knurren und wir nicht
wissen, wo unsere nächste Mahlzeit herkommen soll, während wir unsere
Kinder beobachten, die immer untergewichtiger werden.

Du bist unter der rücksichtslosen Wüstensonne gegangen,
du hast die sengende Hitze auf deinem Rücken gespürt, du weißt,
wie heiß es wird, wenn die Sonne herunterscheint
und sie uns unter unseren brennenden Metalldächern schwindlig macht
und der Schweiß an unseren Brauen heruntertropft.

Und doch bist du irgendwie in unserer Mitte gegenwärtig,
du bist unter uns im Elend und im Schmutz, du weißt, wie wir leben –
in Verzweiflung und im Leid, wenn die Sonne aufgeht und sich ein neuer Tag
entfaltet und wir uns abmühen, unser tägliches Brot zu verdienen.

Herr Jesus, zu wem sollen wir gehen?
Verlass uns nicht.
Du bist das Brot des Lebens, unser leuchtender Stern.
In der Dunkelheit unseres hoffnungslosen Leben
kannst du nicht einen Schimmer der Hoffnung entfachen?

Komm ins heute

Komm, Heiliger Geist,
heile unsere Wunden,
erneuere die ganze Schöpfung!
Dort, wo Familien unter häuslichen Streitigkeiten zerbrochen sind
und Kinder auf die Straße zum Kampf ums Überleben gezwungen werden,
wo mehr Gelder für Waffen und Zerstörung ausgegeben werden
und Krankheit und Hunger kaum Beachtung geschenkt wird.
Dort, wo der Erwerb von Dingen zu Besessenheit geworden ist
und der Wert von Menschen an ihrem Besitz gemessen wird,
wo unsere Luft, Bäume und Meere voller Verschmutzung sind
und halbblinde gewinnsüchtige Gier unsere Umwelt bedroht.
Dort, wo Länder von Gruppenzugehörigkeit und Rassismus gespalten sind
und unschuldiges Blut durch mutwillige terroristische Handlungen
vergossen wird, wo interne Kriege Nation gegen Nation aufbringen
und ein atomarer Holocaust beunruhigend am Horizont droht:
Komm, Heiliger Geist,
heile unsere Wunden,
erneuere die ganze Schöpfung!

Ökumene als Zelt

„Mach den Raum deines Zeltes weit,
spann deine Zelttücher aus,
ohne zu sparen.
Mach die Stricke lang
und die Pflöcke fest!" (Jes 54,2)

O Herr, hilf uns, dass wir unsere Aufnahmefähigkeit
und unsere Vorstellungskraft erweitern.
Hilf uns, dass wir Diener sind, die offen sind und zuhören.
Hilf uns, dass wir uns an die Hand nehmen,
dass wir unseren Kreis erweitern und alle umfassen.

Lass den ökumenischen Raum wie ein weites Zelt
und einen sicheren Raum sein:
wo Bedürfnisse und Sorgen der Gemeinschaften geteilt werden,
wo sie gehört und besprochen werden,
wo man sich Wege nach vorne vorstellt,
sodass unsere Reisen durch dein Wort geleitet werden.

Lass unsere persönlichen Grenzen und Unzulänglichkeiten
unsere Auffassungen und unser Handeln nicht begrenzen.
Lass unsere gemeinsame Weisheit uns leiten,
damit wir deinen Willen für die Menschheit erkennen,
sodass wir dir besser dienen können.

Hilf uns, dass wir widerstandsfähige lange und kräftige Stricke haben,
die das Zelt weit offen halten.
Segne unsere Kirchen und ökumenischen Organisationen –
sodass sie Orte voller Leben werden,
verantwortliche und wirkungsvolle Instrumente,
die dir und deinen Kindern dienen.

Hilf uns, dass wir starke Pflöcke haben,
die tief in die Erde getrieben sind,
sodass sie unsere weiten Zelte aufrechthalten,
dass wir ein tiefes Verständnis für die Probleme aufbringen,
die das Leben der Menschen beeinflussen;
dass wir tief im Glauben verwurzelt sind,
dass wir an deinem Wort festhalten.

Hilf uns, dass – ob es regnet oder ob die Sonne scheint –
unsere Kirchen und Organisationen einen sicheren
und liebenden Ort darstellen.
In Sturm oder Windstille sind wir eine Gemeinschaft,
die deine unbegrenzte und überfließende Liebe teilt,
sodass die Welt, wenn wir vereint und gemeinsam handeln,
Jesus durch uns kennen lernt.

Malaysia

Nepal

Gebet vor der Messe

Jesus Christus,
komm in diese Kirche
und leite uns durch die Stunden des Gottesdienstes.
Geleite diejenigen,
die noch auf dem Weg zum Gottesdienst sind,
sicher hierher.
Segne die, die nicht kommen können,
weil sie krank sind oder arbeiten müssen.
Schenke denen, die krank im Bett liegen, Heilung und Frieden.
Bitte versöhne diejenigen mit uns,
die gekränkt sind und der Kirche fernbleiben.
Gott, sei bei den Kirchen in Nepal, Indien und Tibet.

Gott, wir danken für deine Wegweisung
und Führung durch die letzte Woche.
Dank sei dir für unsere Heilung und die Heilung unserer Kinder,
Dank mit lauter Stimme.

Wir danken dir für Jesu Sterben und Auferstehen.
Wir möchten, dass alle Menschen in Nepal
dich an die höchste Stelle setzen,
noch höher als den König, denn du bist der Allerwichtigste für uns.

Wir bitten dich, unsere Kollekte zu segnen,
so wie du die fünf Fische und die beiden Brote
am See Genezareth gesegnet hast.

Wir beten zu dir, dass du bei dem Prediger des heutigen Tages bist.
Wir bitten dich, dass die Menschen erfahren,
dass Jesus zu allen Menschen in Nepal gekommen ist.

Die jungen Leute in den Dörfern,
die neu zum Glauben gefunden haben,
wissen nicht, wie sie beten sollen.
Sie beten nach ihren eigenen Vorstellungen.
Wir bitten darum, dass du ihnen deine Weisheit schenkst.
Es gibt so viele kleine Dorfgemeinschaften ohne getaufte Mitglieder.
Wir bitten darum, dass du ihnen allen helfen wirst.

Möge die Liebe Gottes, die Gnade Jesu Christi
und die Gemeinschaft des Heiligen Geistes mit uns sein
bis zur Wiederkehr Jesu.

Zeige dich

O, wo bist du, Allmächtiger,
der das wirkliche Prinzip des Lebens ist?
Die ganze Welt ist eine Illusion,
die dich verhüllt, o Allmächtiger!

Wie du mir geheimnisreich das körperliche Leben
gegeben hast, so wirst du es mir auch nehmen.
Gib mir Erkenntnis, dass das wahre, höhere Sein
nicht an meinen Körper gebunden ist, o Allmächtiger!

In der Wahrheit bin ich in dir und du in mir,
darum lass mich jede Trennung von dir überwinden;
nur wenn du willst, kann dein Licht in mir
die Dunkelheit dieser Erde erhellen, o Allmächtiger!

Ohne dich bin ich ein gehenkter Mann in der Schlinge;
darum bitte ich dich, verhülle nicht dein erhabenes Antlitz;
denn du bist die Sonne, die das Feld meines Schicksals
allein blühen lassen kann, für jetzt und immer, o Gott!

Nordkorea

Das Weinen Gottes

Auch heute schlägt mein Nachbar seine Frau,
wie einen Fußball
tritt er sie mit den Füßen
von einer zur anderen Wand des Zimmers.
Wie einen Sandsack
schlägt er sie mit Fäusten
von links nach rechts und von rechts nach links.

Es ist schon zwölf Uhr nachts.
Aus Rücksicht auf Nachbarn und Kinder,
ohne Schreien trotz Schmerzen von Körper und Seele,
mit fest zusammengepressten Lippen
lässt sie die Schläge über sich ergehen.

Warum auch heute
schlägt er seine Frau?
Weil sie ihrem betrunken heimkehrenden Mann
nicht höflich genug geantwortet hat.

Und gestern?
Weil sie ihrem noch durstigen Mann kein Bier
rechtzeitig in den Kühlschrank legte.

Und vorgestern?
Weil sie vor der Heimkehr des Mannes
nicht fähig war, der Müdigkeit länger zu wehren,
um ein Uhr nachts kurz eingeschlafen war,
und eine Minute zu spät die Haustür öffnete.

Mit welchem Recht
schlägt er auch heute seine Frau?

Mit dem Recht des Kindes des Teufels?
Mit dem Recht des Kindes der Finsternis?
Mit dem Recht des Kindes des Todes?

In voller Demütigung,
in voller Bitterkeit
über das Schicksal als Frau zu leben,
schlimmer als der Tod es wäre,
in voller Einsamkeit
weint sie lautlos.

Nein,
sie weint nicht alleine,
du weinst mit ihr.
Sie ist nicht alleine.
Du bist immer bei ihr,
wenn ihr Mann sie schlägt.

Er schlägt seine Frau,
Tochter und Ebenbild Gottes.
Er schlägt nicht seine Frau,
sondern dich selbst …

Du bist

Was soll ich sagen, wer du bist? Ich weiß es nicht.
Aber das weiß ich,
du bist –
die gute Botschaft für die Gefangenen und die Armen,
Befreier der Unterdrückten, Freund der Minjung,
der leidenden Menschen und der Unterdrückten.
Du bist das aufmerksame Ohr für die, die zum Schweigen gebracht wurden,
Heiler der Gefolterten, Fürsprecher der Erniedrigten,
Hoffnung der Verzweifelten, Heimatland für die Exilierten.
Was soll ich sagen, wer du bist? Ich weiß es nicht.

Aber das weiß ich,
du bist –
die Blume der Freiheit im Tal der Unterdrückung,
Jesus Christus, Sohn des lebendigen Gottes.

Harmonie der ganzen Schöpfung

Herr, der du von den Toten zum Leben auferstanden bist,
wir rühmen und preisen deinen Namen.
O Gott, Schöpfer und Lebensspender!
Wir bekennen unsere Sünden durch deine Macht, die uns verbindet.
Zeige uns dein Erbarmen und vergib uns.
Du hast uns eins gemacht, wir aber sind schon seit langer Zeit zerspalten
und sind noch immer von Konflikten und Leid zerrissen.
O Jesus Christus, Heiler unserer Spaltung!
Hilf, dass wir uns an den Schmerz und das Leid Koreas erinnern,
wann immer wir uns an dein Leiden am Kreuz erinnern.
Hilf den Koreanern, ihr Kreuz der Vereinigung auf sich zu nehmen,
damit sie die Kraft haben,
mit ihrem Austausch und ihrer Kooperation fortzufahren.
Führe sie, so dass sie sich weiterhin um Einigung bemühen.
Steh ihnen bei, so dass sie die bösen Kräfte,
die den Krieg planen, in Korea überwinden;
lass sie als eine Nation leben
und den Traum von einem vereinten Volk zusammen träumen.
O Heiliger Geist, der du die Koreaner zum Frieden
und der Vereinigung geführt hast,
erfülle sie mit der Freude deiner Auferstehung
und stärke ihren Glauben und ihre Aufopferung für Frieden und Einheit.
Leite sie in ihrem Bemühen, Frieden in Nordostasien zu stiften
und die Harmonie der ganzen Schöpfung zu erreichen,
wenn sie einander vergeben und sich in Einheit verbinden.
Dies bitten wir im Namen Jesu Christi, der starb, aber wieder auferstand,
um den wahren Frieden in die Welt zu bringen.

Pakistan

Gebet für die Unschuldigen

Vater unser!
Du bist der Gott des Friedens.
Alle Menschen sind deine Kinder.
In der Welt ist aber so viel Unfriede und Hass.
Viele Menschen müssen ihre Heimat verlassen.
Sie sind auf der Flucht, im Krieg, hungrig, krank.
Sie werden getötet, damit andere mächtig bleiben.
Unschuldige leiden, sterben.
Ich verstehe das alles nicht, Herr.
Was kann ich schon tun?
Du aber hast uns den Frieden versprochen.
Allen Menschen, die guten Willens sind.
Wer hat schon guten Willen, wenn es um den anderen geht?
Du hast alle aufgerufen, für den Frieden zu arbeiten.
Der gute Wille dazu fehlt uns oft.
Vielleicht muss ich bei mir anfangen, in der Familie.
Ich muss, ich will mich einsetzen.
Aber es ist nicht so leicht.
Friede muss klein anfangen, wachsen und sich ausbreiten.
Friede beginnt bei mir, von Mensch zu Mensch.
Mach uns zu Friedensboten, Herr,
damit nicht weiter Unschuldige leiden müssen.

Meine Tante ist krank

Meine Tante ist krank.
Ich habe sie sehr gern.
Deswegen bin ich traurig,
solange es ihr nicht besser geht.
Mach du sie, bitte, gesund.

Philippinen

Ermutige und bevollmächtige uns

Gott, du hast einst Könige salben lassen
und Propheten und Prophetinnen berufen:
Lass uns die Menschen entdecken
– Frauen und Männer –,
die glaubwürdig für uns eintreten
und die uns vollmächtig leiten;
die deine Gemeinde lieben
und die zusammen mit den Menschen
ihren Weg gehen;
die an ihrem Schmerz teilhaben
und sich zusammen mit ihnen freuen;
die ihre Träume träumen
und die alles daran setzen,
sie zu den gemeinsamen Zielen zu begleiten.
Mit deiner Glut – mit deinem Geist –
ermutige und bevollmächtige uns,
unsere politischen Ordnungen
weiterzuentwickeln,
deinen Menschen zu dienen
und deinen Namen wahrhaftig zu ehren. Amen.

Gebet am Morgen

Jeden Tag, Herr,
kündigt sich deine Sonne an.
Lichtstrahlen sprühen zum Himmel,
sie werden zu einer Strahlenkrone,
bis plötzlich die Sonnenscheibe
aus dem Wasser taucht

und alles mit Gold überflutet.
Die Nacht ist vergangen.
Das Dunkel vergessen.
Ein neuer Tag hat begonnen.
Neues Leben.
Neue Hoffnung.
Zuversicht.
Die Treue eines lieben Menschen
ist wie der Sonnenaufgang,
der immer wiederkehrt.
So sicher ist echte Freundschaft.
Noch viel mehr aber kann ich mich
auf dich verlassen, Gott.
Du lässt mich nie im Stich.
Die Sonne, Herr, die immer wieder
aus dem Dunkel aufsteigt,
gibt mir Zuversicht, Hoffnung und Sicherheit,
denn du hast mich nicht vergessen.
Du liebst mich.

Ich werde sein

Ich bin eine Frau, eine Filipina,
ich lebe, ich kämpfe, ich hoffe.
Ich bin ein Bild Gottes, wie alle anderen Menschen,
ich bin ein Mensch mit Wert und Würde,
ich bin ein denkender, fühlender, tätiger Mensch.
Ich bin das kleine „ich werde sein", das vor
dem großen „ICH WERDE SEIN" steht.

Ich bin eine Arbeiterin.
Ich habe die Herausforderung an Kirche und Gesellschaft
in Asien stets vor Augen.
Ich bin zornig über Strukturen und Mächte,
die unterdrücken, ausbeuten und in jeder Form entwürdigen.

Ich bin Zeugin des Stöhnens, der Tränen,
der geballten Fäuste meines Volkes.
Ich höre ihre Befreiungslieder, ihre Gebete voll Hoffnung
und ihren unbeirrbaren Marsch
hin zu Gerechtigkeit und Freiheit.

Ich glaube, dass wir alle – Frauen und Männer,
Junge und Alte, Christen und Nichtchristen – aufgerufen sind,
uns treffen zu lassen, verantwortlich zu handeln
und einzusetzen, JETZT.

Ich hoffe, ich kämpfe,
ich bin lebendig,
ich bin eine Filipina,
ich bin eine Frau.

Russland

Gebet eines Schulkindes

Papa!
Wenn meine Mutter mich zum Abschied küsst,
und mir über mein Haar streicht
sie lässt mich gehen – zur Schule hin.

Wo ich zur Schule gehe
ist ein langer Weg
über den Baikalsee
der voller Eis ist.

Am anderen Ufer
komme ich an
und geh ins Schulhaus.
Ich treffe meine Freundinnen dort.

Und dann lernen wir Rechnen
und wir lernen Schreiben
und wir lernen Geografie
und dann ist die Schule aus.

Papa im Himmel!
Behüte mich, wenn meine Mutter mich küsst.
Behüte mich, wenn ich über den Baikal gehe.
Behüte meine Mutter und meinen Vater.
Behüte mich, wenn ich in die Schule gehe.
Hilf mir, dass ich gut lerne,
um dann wieder froh nach Hause zu kommen.

Ich war ein Narr

Hörst du mich, Gott?
Noch nie im Leben sprach ich mit dir.
Doch heute, heut will ich dich begrüßen.
Du weißt, von Kindertagen an sagte man mir,
dich gebe es nicht.
Und ich, ich glaubte es, Narr, der ich war.

Die Schönheit deiner Schöpfung ging mir niemals auf.
Doch heute Nacht nahm ich wahr,
vom Grund des aufgerissenen Kraters,
den Sternenhimmel über mir.

Und ich verstand staunend sein Gefunkel.
Ich weiß nicht, Herr, ob du mir die Hand reichst,
doch will ich es dir sagen,
und du wirst mich verstehen:
dies Wunder, das mitten in der schauerlichen Hölle das Herz mir leicht wurde
und ich dich erkannte.

Sonst weiß ich dir nichts zu sagen, nur,
dass ich froh wurde, als ich dich erkannte.
Mir war so wohl bei dir.

Saudi-Arabien

Unterlassen und Vertun

Alles, was wir hätten denken sollen
und nicht gedacht haben,
alles, was wir hätten sagen sollen und nicht gesagt haben,
alles, was wir hätten tun sollen und nicht getan haben,
alles, was wir nicht hätten denken sollen, aber gedacht haben,
alles, was wir nicht hätten sagen sollen, aber gesagt haben,
alles, was wir nicht hätten tun sollen, aber getan haben –
für Gedanken, Worte und Taten bitten wir, o Gott, um Vergebung.

Singapur

Verloren

Ich bin allein,
und ich bin doch nicht allein.
Um mich herum sind Menschen überall.
Ich trage einen Namen
und doch bin ich namenlos.
Ich bin verloren.
Kann ich gefunden werden?
Statistiken zählen die Massen,
aus Menschen werden Nummern;
ich bin ein Artikel ohne Namen.
Ich bin ein Muster ohne Wert.
Vergiss das Grab,
vergiss den namenlosen Trott –
der Mensch der für andere kam,
verleih' dem Menschenleben Wert,
gab jedem Würde und Namen.

Ruf mich bei meinem Namen,
o Herr!

Sri Lanka

Du hauchst deinen Atem allem ein

Heiliger Geist, Geist des lebendigen Gottes:
Du hauchst deinen Atem allem ein,
was unzugänglich und schwach ist.
Du lässt sogar lebendiges Wasser quellen
aus den Verletzungen,
die wir einander zugefügt haben.
Und durch dich
wird das Tal der Ängste
zu einem Ort heilender Quellen.
So bricht deine beständige Gegenwart
in neuer Frische
in unser inneres Leben ein,
ohne Anfang und Ende.

In der Welt deine Botschaft leben

Vater, wir danken dir für den Geist Jesu Christi.
In seiner Kraft schreiten wir voran
aus der Sklaverei in die Freiheit,
aus dem Egoismus zur Liebe.
Mitten in dieser Welt wollen wir deine Botschaft leben.
Für uns und für die anderen um uns herum.
Für sie wollen wir Zeichen deiner Gegenwart sein
durch unsere Liebe, durch unser Leben.
Mit allen, die vor uns gelebt haben,
mit allen, die mit uns leben, mit ihnen allen
sprechen wir: Du bist heilig, allmächtiger Gott!
Raum und Zeit zeigen deine Herrlichkeit.

Wir singen dein Lob, Herr!
Schöpfer und Befreier der Welt,
dir gehört die Herrlichkeit.
Wir haben das Gedächtnis deines Todes
gefeiert, Jesus Christus.
Wir haben deine Auferstehung kundgetan.
Wir sind erfüllt mit deinem Leben.
Wir sind vereint – mit dir und untereinander.
Wir haben deine Speise untereinander geteilt.
So gehen wir jetzt weiter auf unserem Weg,
in Freude und Hoffnung. In der Hoffnung,
dir besser zu dienen. Im Kampf für das Wohl aller.

So können wir mit deiner Gnade daran mitarbeiten,
dass der Mensch neu wird unter einem neuen Himmel und auf einer
neuen Erde. In deinem Reich, das unser Herr, Jesus Christus,
uns und allen Menschen angesagt hat und um das wir beten.

Gebet der Familie zu Gott

Lieber Vater, allmächtiger Gott.
Heute geben wir uns ganz in deine Hände
und beten zu dir.

Geliebter Vater,
segne unsere Familie.
Hilf uns, dass wir unsere Versuchungen überwinden.
Hilf uns, deinen Weisungen zu folgen.

Beschütze unsere Familie bei der Arbeit,
bei unserem Kommen und Gehen.
Sei uns nahe, wenn wir schlafen und uns erholen.
Sei uns nahe in allen Schwierigkeiten,
in Glück und Leid.
Segne und beschütze unsere Familie. Amen.

Südkorea

Gebet einer Studentin

Mein Zimmer,
Herr, ist kein gewöhnliches.
Grau ist die Decke und grün die Wand.
Das einsame Fenster
blickt auf eine alte Ziegelmauer.
Wenn ich aber meine schwarzen Augen hebe,
fliegt das Licht von oben herunter vom Himmel,
und fließt durch mein Doppelfenster.
Aber auch der kalte Luftstoß dringt herein.
Der Heizkörper am Fenster bleibt immer kalt.
Das hölzerne Pult mit den Wörterbüchern,
das Bett mit der schönen grünen Decke,
der Pappkarton vom Supermarkt als Nachttisch
und das Bild der Heiligen Dreifaltigkeit
an der Wand: Das ist mein Zimmer.
Gewöhnlich ist es aber nicht.
Wenn ich auf meinem Platz sitze,
spüre ich, dass das Licht immer da ist
und mich wärmt,
wenn es auch für mich immer blass ist.
Ich lehne oft am alten Stuhl und bete,
denn nicht gewöhnlich ist mein Zimmer,
weil du Gott zu mir kommst.
Ich sehe dich zwar nicht,
aber in meinem Zimmer bist du immer Gast.

Der Kyrios, unser Herr

Wir beten mit einem Herzen.
Heiliger Gott,
du hast die Menschen als Frau und Mann geschaffen,
damit sie in Liebe zusammen leben können.
Aber die Menschen haben diesen deinen Willen durch
Unterdrückung und Konfrontation ignoriert.

Herr, erbarme dich.

Die Liebe zwischen Frau und Mann,
die Du als Segen den Menschen geschenkt hast,
behandeln die Menschen wie eine Ware.
Viele arme Frauen sind in das unmenschliche Leben
abgerutscht durch die gierige Suche der Männer nach sexuellem Vergnügen.
Wir selber haben diese Situation nicht nur übersehen,
sondern auch manchmal gefördert.

Herr, erbarme dich.

Hab Mitleid mit den Frauen,
die ihren Körper verkaufen müssen,
wegen ihrer Armut und Diskriminierung,
wegen ihres Leidens unter Militärdiktatur
und zahlreichen gesellschaftlichen Übeln.
Baue hier bald auf in Wahrheit dein Reich
der Gerechtigkeit, Gleichberechtigung und Liebe.

Herr, erbarme dich.

Gott reinigt und vergibt alle unsere gebeichteten Sünden.
Er, der in der Morgendämmerung den
schweren Stein des Todes vom Grab Jesu wegwälzte.
Er, der die Frauen als erste
die Nachricht der Auferstehung Jesu verkündigen ließ.

Hoffnung auf Wiedervereinigung

Gott der Gerechtigkeit! Was schwach ist in der Welt, hast du erwählt,
und was stark ist, beschämst du.
Du willst, dass ungerechte Systeme und Diskriminierung
keinen Bestand haben.
Dafür danken wir dir. Wir brauchen deine Hilfe,
wenn wir uns bemühen, mit den Schwachen zu leben.
Liebender Gott, du willst Gerechtigkeit und Versöhnung auf dieser Erde.
Wir vertrauen darauf, dass du die Macht hast, Mauern niederzureißen.
Wir leben in der Hoffnung auf die Wiedervereinigung von Nord- und Südkorea.
Begleite uns auf dem Weg des Friedens.

Syrien

Frieden und Einheit

Herr, mache unser Herz zur Wohnung des Friedens
und unseren Geist zum Hafen der Ruhe.
Säe in unseren Seelen wahre Liebe für dich und füreinander
und verwurzele in uns Freundschaft und Einheit,
und Eintracht mit Ehrfurcht,
damit wir einander den Frieden aufrichtig geben und ihn gut empfangen.

Wohnung des Friedens

Herr, mache unser Herz zur Wohnung des Friedens
und unseren Geist zum Hafen der Ruhe.
Säe in unseren Seelen wahre Liebe für dich und füreinander
und verwurzele in uns Freundschaft und Einheit,
und Eintracht mit Ehrfurcht,
damit wir einander den Frieden aufrichtig geben
und ihn gut empfangen.

Wunder von Brot und Wein

Selig sind die, die vom Brot der Liebe, das Jesus ist, gegessen haben.
Dies ist der Wein, der die menschlichen Herzen erfreut.
Dies ist der Wein, den die Lüsternen getrunken haben
und dann keusch wurden,
die Sünder, die dann den Weg der Ungerechtigkeit verloren,
die Trinker, die dann zu fasten begannen,
die Reichen, die sich dann nach Armut sehnten,
die Armen, die dann reich an Hoffnung wurden,
die Kranken, die dann Mut schöpften,
die Dummen, die dann weise wurden.

Taiwan

Nachtschicht

Du brauchst keinen
Schirm aufzuspannen,
um die Haut vor der Sonne
zu schützen.
Der Mond scheint auf dem
Weg zur Arbeit.

Du brauchst kein Make-up
und keine Stifte für die
Augenwimpern.
Die Nacht ist die sanfteste Creme,
um den fahlen Teint
unserer Gesichter zu
maskieren.

Guten Morgen!
Hoffentlich hattest du einen
süßen Traum.
Einige sagen,
die Grammatik dieses Wortes
sei falsch.
Wir sorgen uns um nichts,
wir haben nur zu schlafen.
Dies ist der einzige
glückliche Augenblick
nach harter Arbeit.

Wie kann ich dich hören?
In der Arbeit, die du gabst,
Geb' ich, Herr, mein Bestes.

Doch die Hast, der Lärm ringsum
fesseln alle Sinne.
Wie kann ich da dich hören,
wie dich versteh'n im Kampf?
Für die Mühe jeden Tages
Gib mir deine Weisung.

Nicht die Last ist's, die mich drückt,
nicht für's Brot die Arbeit,
schwer ist's, Herr, an jedem Tag,
aus dem Trott zu brechen:
Deine Hand, die suche ich,
deinen Wink, dein Leiten,
dass ich täglich im Betrieb
Freud' und Fried' bewahre.

Das Leben ist schwierig, Herr,
wer besteht ohne Fehl'?
Auch wenn ich das Ziel kenne,
wer hilft mir durch – dorthin?
Oft tu' ich Dinge, im Zwang,
derer ich mich schäme.
Mach' mich tapfer, lass mich sein
Salz und Licht, – Zeuge Dir.

Wünsche halten uns gefangen,
wir stimmen nicht überein,
Fragen, Sorgen türmen sich,
jeder sucht das Seine.
Herr, durch die Friedensmacht
kehrt sich Streit in Segen;
Richter bist du, – selbst gehenkt,
Knecht zwar und doch Herrscher.

Thailand

Die Sonne ist für alle da

Herr, was willst du eigentlich
mit deiner Schöpfung?
Was willst du von uns?
Du hast die Sonne geschaffen für alle.
Auch die Erde, das Wasser,
die Pflanzen und Tiere:
Für alle sind sie da.
Aber die Wirklichkeit ist ganz anders.
Viele wohnen zusammengepfercht in Hütten,
sehen kaum das Sonnenlicht,
trinken schmutziges Wasser,
haben keinen Boden, der ihnen
ein wenig Heimat schenkt.
Und es gibt so viele Unterdrückte,
seelisch Kranke, Einsame!
Du aber hast uns zusammengeführt.
Wir möchten sensibel sein für deinen Willen.
Wir möchten etwas dafür tun,
damit die Sonne allen leuchte,
gesundes Wasser in die Häuser
der Armen fließe und die Erde jedem gehöre.
Hilf uns, dass wir mit unseren Augen,
Ohren und Herzen deinen Willen spüren
und ihn mit unserem Mund, unseren Händen
und Füßen auch verwirklichen.

Grund zur Hoffnung

O Gott, unser Vater,
du Quelle der Liebe, Kraft und Gerechtigkeit,
du bist der Gott, der Sorge trägt,
besonders für die Niedrigsten,
für die, die am meisten leiden,
und die, die die Ärmsten unter uns sind.
O Gott, Herr der Schöpfung,
schenke uns heute deine Führung und Weisheit,
so dass wir die menschliche Not so sehen, wie sie ist.
Gib uns Mut und Gehorsam,
dass wir dir ganz folgen.
Hilf uns, Herr,
dass wir das Kreuz deines Sohnes bezeugen,
unseres Herrn Jesus Christus,
der allein Grund zur Hoffnung ist,
und in dessen Namen wir beten.

Lehre mich!

Lehre mich, bei ihnen zu sein
Herr!
Lehre meine Augen, deine Liebe zu sehen,
die nicht nur in der Kirche ist,
sondern auch unter den Menschen.
Herr!
Lehre meinen Mund, die Wahrheit
den Menschen zu verkünden,
die von den Strukturen der Macht unterdrückt werden.
Herr!
Lehre meinen Magen zu leiden
mit den Menschen,
die Hunger haben und sich nach Nahrung sehnen.
Herr!

Lehre meine Hände zu dienen
den Menschen,
die um ihr Leben kämpfen.
Herr!
Lehre meine Füße
mit den Menschen zu gehen,
die deine Liebe brauchen.

Türkei

Erinnere dich

Jesus, wir sind alle wie der gotteslästernde Dieb
und wie der, der glaubt.
Ich glaube, Herr; hilf meinem Mangel an Glauben.
Ich bin am Tod festgenagelt,
es gibt nichts, was ich tun kann, außer zu rufen:
„Jesus, erinnere dich meiner, wenn du in dein Reich einkehrst."
Jesus, ich weiß nichts,
ich verstehe nichts in dieser schrecklichen Welt.
Aber du, du kommst zu mir mit offenen Armen, mit einem offenen Herzen,
und deine Gegenwart allein ist mein Paradies.
Erinnere dich meiner, wenn du in dein Reich einkehrst.
Dir sei Lob und Ehre.
Du heißt nicht die Gesunden, sondern die Kranken willkommen.
Dein unerwarteter Freund ist ein Verbrecher,
der von der menschlichen Gerechtigkeit ausgeschlossen wurde.
Du befindest dich bereits auf dem Weg in die Hölle,
um die zu befreien, die nach dir rufen:
Erinnere dich unser, Herr, wenn du in dein Reich einkehrst.

Gloria

Die Armen und Notleidenden werden dich, o Herr, preisen.
Ehre sei dem Vater,
Ehre sei dem Sohn,
Ehre sei dem Heiligen Geist, der durch die Propheten gesprochen hat.
Gott ist meine Hoffnung,
Christus ist meine Zuflucht,
der Heilige Geist ist meine Geborgenheit.

Sonne der Gerechtigkeit

Unser Geist sucht dich in der Morgendämmerung, o Gott,
denn deine Gebote sind unser Licht.
Lehre uns, Meister, deine Gerechtigkeit
und mach uns würdig, deinen Geboten mit all unserer Kraft zu folgen.
Nimm alle Dunkelheit von unseren Herzen.
Schenke uns die Sonne der Gerechtigkeit
und schütze unser Leben vor allen schlechten Einflüssen
mit dem Siegel deines Allerheiligsten Geistes.
Lenke unsere Schritte auf den Weg des Friedens
und gewähre uns, dass dieser heutige Morgen friedlich ist,
so dass wir die morgendlichen Loblieder emporschicken können
zu dir, dem Vater, dem Sohn und dem Heiligen Geist,
dem einzigen Gott,
vor allem Anfang
und Schöpfer aller.

Vietnam

Ausgeschlossen

O Herr, wir gedenken aller,
die unter Diskriminierung leiden, egal in welcher Form,
deine Kinder, und unser Brüder und Schwestern,
die gedemütigt und unterdrückt werden.
Wir beten für die,
denen die grundlegenden Menschenrechte verweigert werden,
für die, die im Gefängnis sind,
und besonders für die, die gefoltert werden.
Unsere Gedanken verweilen einige Augenblicke bei ihnen …
Und wir beten, dass deine Liebe und dein Mitgefühl
ihnen Kraft geben möge.

Ist es dein Wille, Herr?

Gott, Herr über Leben und Tod,
ist es dein Wille,
dass wir Menschen krank werden?
Ist es dein Wille,
dass Menschen ums Leben kommen?
Hast du Freude daran,
dass Taube und Stumme,
Blinde und Lahme geboren werden?
Dass sie am Straßenrand hocken
und in den dunklen Ecken der Städte,
trostlos sich und ihrem Schicksal überlassen?
Warum sorgst du nicht für uns Menschen?
Warum verteilst du die Güter
dieser Welt nicht gerechter?

Herr,
ich möchte es glauben,
dass du die Welt neu machst.
Ich möchte, dass wir Trost erhalten,
wenn wir krank werden;
dass Sehende nicht blind bleiben,
sondern die Not erkennen,
dass Sprechende nicht verstummen,
sondern Anwälte werden
für die Rechtlosen;
dass wir unsere Ohren gebrauchen,
damit wir jeden hören, der in Not ist,
damit wir den Sterbenden beistehen
und den Kranken zu Hilfe eilen.

Herr,
lass Deinen Willen geschehen –
an uns und durch alles,
was wir tun.

Vietnamesisches Osterlied

Mit meinem Bruder und meiner Schwester
war ich auf der Flucht
viele Tage zu Fuß durch Vietnam.
Wir hatten Glück!
In der Nacht krochen wir,
unter Decken geschützt auf ein altes Boot.
Cam, Thinh und ich wurden von der
Polizei nicht erwischt.
Wir hatten Glück!
Eng zusammengedrückt saßen wir im Boot,
versteckt unter Fischernetzen mit lebenden Fischen.
Ohne Luft, ohne Wasser, ohne Brot.
Der Hunger tat weh. Viele starben.

Cam, Thinh und ich leben!
Wir kamen nach Thailand.
Im Lager war's schrecklich.
Fünf Wochen hatten wir Angst
und sahen nichts als Hunger und Tod.
Wir wurden gerettet.
Wir hatten Glück.
Es ist Ostern!
Wie mir die Mutter, so erzählte ich Thinh,
Jesus ist am Kreuz gestorben, für uns.
Vergiss es nicht. Das ist wichtig.
Er ist auferstanden, er lebt.
Er hat uns gerettet. Er ist bei uns.
Wir haben Glück!

Lateinamerika

Argentinien

Gebet eines Jugendlichen

Danke, Herr,
für die Blumen in freier Natur,
für den Wind, für das Meer und
den Glanz im Weizenfeld.

Danke, Herr,
für die echte Liebe,
für das Herdfeuer,
für die wahre Freiheit.

Danke, Herr,
für die grünen Felder,
die Luft, die Sonne,
das Blau des Himmels,
für deine Liebe.

Danke, Herr,
für die einfachen, demütigen Menschen,
die nicht nachtragend sind und
mir in die Augen blicken können.

Danke, Herr,
für den Frieden in der Welt,
auch wenn er noch so gebrechlich ist,
für den Frieden, der immer wieder möglich ist,
wenn wir Geduld haben.

Danke, Herr,
dass du bei uns bist.
Amen.

In der Krankheit

Mein Jesus, Gesundheit der Kranken:
seit einigen Tagen fühle ich mich unwohl und liege im Bett.
Es ist wahr, dass ich glaube,
dass es nichts Schlimmes ist,
aber es ist lästig und schmerzhaft.

In diesen Tagen ist mir bewusst geworden,
dass ich keine große Sache bin
(jedoch, wenn ich gesund bin, denke ich anders).
Es ist mir bewusst geworden, dass ich nicht stark bin,
sondern zerbrechlich, dass ich zerbrechen kann,
wie ein Teller zerbricht …

Es ist mir auch bewusst geworden,
dass ich zu viel an mich selber denke:
Es hat mir gefallen, dass man sich um mich kümmerte,
und wenn es mir zum gegebenen Augenblick schien,
dass man mich nicht beachtete,
so wollte ich schlimmer erscheinen,
als es in Wirklichkeit war,
damit man sich mehr um mich kümmerte
(dies ist dumm und albern, aber es geschah so …).

Mein Jesus, Tröster derjenigen, die leiden.

Ich bitte dich, lass mich wieder gesund werden.
Ich bitte dich um die Gesundheit, die ich
brauche. Ich bitte dich um Kraft, um zu leiden, ohne
mich zu beklagen (zumindest, ohne mich zu sehr zu beklagen).

Ich bitte dich, dass ich meine Eltern nicht zu viel
belästige. Ich bitte dich, dass ich dem Arzt folge.
Ich bitte dich für all diejenigen, die leiden
und viel schlimmer dran sind als ich.

Ich bitte dich auch, das ich dir danke,
wenn ich wieder gesund bin für das Geschenk der
Gesundheit, dass ich die Gesundheit nutze,
um einer deiner guten Diener zu sein.

Psalm der lateinamerikanischen Frau

Oh Herr, höre unser Rufen.
Wie lange noch wird unsere jetzige Lage andauern?
Frauen leiden, oh Herr, zum Schweigen gebracht
durch ein System, das sie unterdrückt und tötet.
Sprachlos, ohne Namen, ohne Gesicht, ohne Identität.
Du weißt, Herr, dass dies nicht das Wesen der Frau ist.
Es ist notwendig, dieses verfluchte Patriachat zu beenden,
das das wahre Gesicht Gottes unterdrückt und tötet,
das Gesicht von Gott Vater und Mutter.

Frauen leiden in ganz Lateinamerika.
Frauen können nicht ganz sie selbst sein.
Sie sind die Ureinwohnerinnen,
deren kulturelle Identität verletzt wird.
Sie sind die an den Rand gedrängten
und niedergemetzelten schwarzen Frauen.
Sie sind die Arbeiterinnen, die ihre Arbeitskraft verkaufen.
Sie sind die Prostituierten, denen es an Zuneigung und Essen fehlt.
Sie sind die Frauen in den Slums ohne Lohn und ohne Land.
Sie sind die alleinstehenden Frauen,
die verlassen wurden und diskriminiert werden.
Sie sind die Frauen in den bolivianischen Bergwerken.
Sie sind die Frauen, die in Nicaragua zu den Waffen greifen
und mit dem Tod konfrontiert werden.
Sie sind die „Mütter der Plaza de Mayo",
die ihre Kinder verloren haben.
Sie sind all die Mütter von Verschwundenen auf unserem Kontinent.

Heute kann man ihre Stimmen vernehmen
im Lied von Mercedes Sosa,
in dem prophetischen Mut von Domitila Barrios,
in dem Kampf und Tod von Margarita Alves,
in der Kühnheit von Jacobina Maurer,
in der Anonymität von Irma Adelaide
und in der Stimme von anderen, deren Tod zum Leben geworden ist
in der prophetischen Organisation der Frauen.

Herr, Du bist der Gott des Lebens.
Gott, Schöpfer allen Lebens, höre unser Rufen.
Herr, höre – ähnlich wie beim Lied Mariens – den prophetischen Schrei
der lateinamerikanischen Frauen.
Es ist ein Schrei nach Gerechtigkeit,
nach Befreiung,
nach Leben.

Bolivien

Der Zeuge

Für dich, mein Gott,
gehe ich singend fort,
dein Zeuge zu sein,
ist mir Freude.
Du gibst mir den Auftrag,
mit voller Stimme zu singen,
deine Liebesbotschaft,
ich weiß nicht, sie zu verkünden.
Die Leute fragen:
„Welches ist deine Mission?"
Ich sage: „Dein Zeuge bin ich."

Das Feuer deines Wortes
hat meinen Mund verbrannt.
Meine Lippen sind schon Flammen
und Asche meine Stimme.
Furcht erfüllt mich,
dich zu verkünden,
aber du sagst: „Fürchte dich nicht,
denn ich bin bei dir."

Dein Wort in eine Last,
die meinen Rücken beugt,
glühende Kohle deine Botschaft,
die meine Zunge trocknet.
„Lass dich verbrennen,
wenn Du leuchten willst,
und fürchte dich nicht,
da ich bei dir bin."

Gebet um Vergebung

Barmherziger Gott,
Ketten halten mich gefangen.
Es fehlt mir der Glaube.
Auch meine Liebe lässt zu wünschen übrig.
Durch mein Versagen habe ich
dein Kreuz noch schwerer gemacht.
Dich niedergedrückt.
Dein Wort zu hören fällt mir so schwer.
Das richtige Wort zu meinem Nächsten zu sagen,
im richtigen Augenblick und in der richten
Weise, habe ich versäumt.
Ich klage mich an, dass es oft meine Schuld war,
dass wir uns nicht verstanden haben.
Nimm, bitte, alle diese Fesseln weg.
Löse meine Ketten.
Verzeih mir.
Ich will den anderen auch meine Hand reichen,
zur Versöhnung.
Amen.

Und haben nur einen Sinn, wenn wir brennen
(nach Luis Espinal)

Jesus sagte:
„Wer sein Leben bewahren will, wird es verlieren,
und wer es für mich hingibt,
wird es im ewigen Leben gewinnen."

Aber uns macht es Angst,
das Leben hinzugeben,
es einzusetzen ohne Vorbehalt.
Ein schrecklicher Selbsterhaltungstrieb
macht uns zu Egoisten

und bedroht uns mit glühenden Zangen,
wenn wir unser Leben einsetzen wollen.

Für alles haben wir Versicherungen,
um jedes Risiko zu vermeiden.
Und über allem steht die Feigheit …

Jesus Christus,
wir haben Angst, das Leben hinzugeben.
Aber du hast uns das Leben geschenkt,
um es hinzugeben.
Man kann es nicht in sterilem Egoismus aufbewahren.

Das Leben hingeben heißt für die anderen arbeiten,
auch wenn sie nicht bezahlen,
einem einen Gefallen tun, den er nicht zurückgibt.
Das Leben hingeben heißt auch, sich in einen Misserfolg stürzen,
wenn nötig, ohne falsche Vorsicht
die eigenen Schiffe verbrennen zum Wohl des Nächsten.

Wir sind Fackeln
und haben nur einen Sinn,
wenn wir brennen,
nur dann werden wir Licht.

Befreie uns von der feigen Vorsicht,
die uns das Opfer meiden
und die Sicherheit suchen lässt.

Das Leben gibt man
nicht mit großspurigen Gesten
und falscher Theatralik hin.
Das Leben gibt sich schlicht,
ohne Werbung, wie das Wasser den Abhang hinunterfliesst,
wie die Mutter ihrem Säugling die Brust gibt,
wie der gewöhnliche Schweiß des Sämanns.

Lehre Gott,
uns ins Unmögliche zu werfen,
denn hinter dem Unmöglichen
ist deine Gnade und Gegenwart.
Wir können nicht ins Leere fallen.

Die Zukunft ist ein Rätsel,
unser Weg verliert sich im Nebel,
aber wir wollen ihn gehen und uns hingeben,
weil du wartest in der Nacht
mit tausend Menschenaugen, die von Tränen überlaufen.

Brasilien

Christus, der Befreier

Du bist der Gott der Kleinen,
der menschliche und leidende Gott,
der Gott mit den schwieligen Händen,
der Gott mit dem lederzähen Gesicht.
Deshalb rede ich zu dir,
wie mein Volk zu dir redet,
da du ja der Landarbeitergott,
der Arbeiterchristus bist.
Du reichst deine Hand dem Volk
in den Städten und auf den Äckern.
Du stehst in der Schlange vor dem Sozialamt,
um einige Cents zu bekommen.
Auf dem Marktplatz isst du aus dem Abfall
zusammen mit Zé, Joâo, Chico oder Maria.
Du protestierst gegen das Elend,
das dein Volk Tag für Tag tötet.
Ich sah dich Zäune machen und Vieh hüten,
ohne Bohnen zu essen zu bekommen.
Auf der Straße sah ich dich mit den Genossen,
da fordertest du Land und einen Arbeitsplatz.
Du bist der Gott der Kleinen,
der menschliche und leidende Gott,
der Gott mit den schwieligen Händen,
der Gott mit dem lederzähen Gesicht.

Gebet für einen Drogensüchtigen

Gott, du allein weißt es,
wie es geschah.
Es hat uns alle sehr erschüttert.
Wir wissen nicht, wie es so schnell passieren konnte.
Auf einmal war er weg aus unserer Gruppe.
Er kam nicht mehr. Ohne etwas zu sagen.
Ohne sich zu verabschieden.
Er war eine große Bereicherung für unsere Gruppe.
Wir vermissen ihn.

Jetzt wissen wir, was geschah.
Einer von uns hat ihn getroffen.
Mit ihm gesprochen.
Doch er wollte nicht zurück.
Wollte nichts mehr mit uns zu tun haben.
Die Drogen halten ihn gefangen.

Jesus, er braucht Hilfe. Deine Hilfe.
Wir sind ratlos und schaffen es nicht allein.
Zeige uns einen Weg. Gib ihn uns zurück.
Wir bestürmen dich. Es eilt.
Amen.

Señor de la Esperanza (Herr der Hoffnung)

Zwischen den Hütten aus Schilfmatten und Pfählen,
im dicken Stau unserer Straßen
bist du unterwegs.
Du grüßt alle, nennst uns Nachbarn,
drückst uns die Hand und nimmst uns mit.

Wir wollen bauen an einer neuen Welt,
ausreißen die Steine, die Herzen verhärten,
erobern unsere Freiheit mit dir, unserem Freund,
Señor de la Esperanza.

Jeden Morgen gehen wir zur Arbeit,
und in aller Geschäftigkeit, deine verlorene Stimme,
sie erfüllt doch die Leere.
Du gehst mit uns, wenn wir Gerechtigkeit fordern,
erhebst mutig die Stimme, rufst uns und reißt uns mit.

Wir teilen das Brot, wenn der Tag sich neigt,
in der feurigen Wärme deiner Liebe.
Vater der Güte, Mutter der Zärtlichkeit,
in deinem Schoß birgst du
das frohe Gesicht deiner Kinder.

Chile

Bis es regnet

Ich glaube an Gott.
Das hilft mir.
Besonders, wenn es mir
schlecht geht.
Wenn ich nicht einmal
Brot zum Frühstück habe,
dann bete ich zu Gott,
dass es regnet,
dass es die ganze Nacht
bis zum Morgen regnet.

Wenn es regnet,
kann ich meinen Kindern sagen:
„Ihr geht heute
nicht in die Schule,
weil es regnet!"
Mehr brauche ich
nicht zu erklären.
Dann bleiben die Kinder
länger im Bett,
solange,
bis das Frühstück vergessen ist.
Mache uns zum Weizenkorn.
Vater unser,
nicht dein Vater, nicht mein Vater.
Vater,
der du uns zu Brüdern und Schwestern machst,
der du uns in deinem Sohn neues Leben schenkst,
der mit uns seinen Leib teilt
und uns zu einem Leib macht.

Gib uns starke Hände,
um den Boden zu bearbeiten,
mache uns zum Weizenkorn,
um reiche Frucht zu bringen.
Lass sein vergossenes Blut
den ganzen Teig durchdringen,
damit wir ihm ein Brot der Freude werden.

... und erhöht die Niedrigen (Magnificat)

Maria erscheint als die Frau,
die sich für die Befreiung aller Menschen,
besonders aber der Unterdrückten,
engagiert.
Darum nahm sie Armut und Leiden,
Flucht und Exil auf sich.
Die Evangelienberichte über
ihre Erniedrigung in Bethlehem,
ihre Verfolgung durch Herodes,
ihr Exil in Ägypten
und ihr Leiden auf Kalvaria
sind nicht fromme Bibelgeschichte.
Sie sind Zeichen ihres Glaubens
an das Engagement, das sie
zur Zeit der Verkündigung einging.
Darin ist Maria auch Vorbild der Kirche,
soweit diese ihrer Sendung treu bleibt.
Sie ist ebenso Vorbild
der christlichen Gemeinschaften,
und mit ihnen hält sie sich
an Hoffnung und Kraft des Wartens
auf die Stunde des befreienden Gottes.

Costa Rica

Danke, Herr, für den heutigen Tag

Danke, Herr, für den heutigen Tag.
Ich bitte dich, dass du für meine Eltern, meine Schwester
und die anderen Familienangehörigen sorgst.
Ich danke dir, Herr, dafür, dass es hell wird, dass ich lebe;
ich danke dir für die Luft, für das Wasser, für den Regen,
für die Sonne, für die Tiere und Pflanzen.
Ich danke dir auch für das Essen,
dafür, dass ich gehen, sprechen, hören und sehen kann.
Ich danke dir für alles, was du mir gibst.
Ich bitte dich, dass du für die kranken Kinder
und Erwachsenen sorgst und sie heilst.
Danke für die guten und schlechten Augenblicke,
die du mir schenkst.
Amen.

Dein Reich wird kommen

Wenn ich für den Frieden und die Wahrheit kämpfe:
werde ich dich finden!
Wenn ich das Kreuz der andern tragen helfe:
wirst du mich retten!
Wenn ich meinen Nächsten von Herzen verzeihe:
werde ich Vergebung finden!
Wenn ich den Wegen der Liebe folge:
werde ich dir begegnen!
Wenn ich Freude und Freundschaft säe:
wird dein Reich kommen!
Wenn ich in Gemeinschaft mit anderen lebe:
wird dein Reich wachsen!

Ecuador

Im Tal der Smaragde – Gebet um Heilung

Smaragde nennen, Herr, die Menschen dieses Land,
in dem es keine dieser edlen Steine gibt,
es sei denn, die vergebliche Mühe und der Schweiß,
der in der Hitze dieses Tals vertrocknet,
ehe er zum Tropfen wird.

Freie waren wir in unserem schwarzen Kontinent,
bis unsere Vorfahren auf die Versprechen
weißer Händler sich erkühnten,
eine neue Welt uns zu Eigen machen.

Als wir erwachten, waren wir im Bauch von Galeeren.
Und die wenigen, die die Neue Welt erreichten,
Herr, du weißt es,
betraten sie in Ketten und mit Wunden,
krank am Leib und verbittert in der Seele.

Den Ketten sind wir entronnen;
wir überwanden die Krankheit des Leibes,
die Wunden des Geistes aber blieben.
Wie könnten sie auch heilen?
Diejenigen, welche die Sprüche wussten,
sind nicht mehr da und die Kräuter,
die einst Wunder wirkten, blühen in der Heimat,
die keiner von uns mehr betrat.

So höre, Herr, denn du den Ruf und lindre unsern Schmerz.

Gib Trost dem Geist und Brot dem Leib,
lass den Hass uns überbrücken, dass wir,

in dir erstarkt, gleich dem Smaragd ergrünen
und dein Volk der Freiheit in dir sich erfreut.

Mit Lied und Tanz

Deine schwarzen Kinder,
wir bringen dir unsere Gabe,
das Leben, das du uns gabst,
die Freude und die Liebe.

Mit Lied und Tanz
kommen wir hin zu dir.
Wir sind das Volk der Schwarzen,
das dir zeigt, wie es lebt.

Heute kommen wir, Herr,
und bringen dir unsere Kultur,
damit du sie segnest,
sie segnest mit deiner Liebe.

Weil du es mitgenommen hast ans Kreuz,
das Martyrium der Schwarzen,
bringen wir dir heute
den Kampf um die Einheit dieses Volkes.

El Salvador

Credo

Ich glaube, Herr, dass alles Gute in der Welt von dir kommt.
Ich glaube an deine große Liebe für alle Menschen.
Ich glaube, dass du, weil du Liebe, Freiheit
und Gerechtigkeit gepredigt hast,
erniedrigt, gefoltert und getötet wurdest.
Ich glaube, dass du noch immer in unserem Volk leidest.
Ich glaube, dass du mich aufrufst, deine Suche zu verteidigen,
aber ich glaube auch, dass du mich begleitest in der Aufgabe,
diese Welt in eine andere zu verwandeln,
in der es kein Leid und keine Klagen gibt;
eine Welt, in der ein riesiger Tisch gedeckt ist,
an dem alle willkommen sind.
Ich glaube, dass du bei uns bist,
während wir auf das Dämmern eines neuen Tages warten.
Ich glaube, dass du uns die Kraft geben wirst,
dass der Tod uns nicht finden wird, bevor wir genug getan haben,
und dass du in denen auferstehen wirst,
die in ihrer Suche nach einer anderen Welt gestorben sind.

Herr, erbarme dich

Herr, wir leben in einer Welt, die gespalten ist.
In jeder Minute werden Millionen für militärische Zwecke ausgegeben.
Gaben, die du den Menschen geschenkt hast, werden dazu benutzt,
Menschen zu trennen und über Menschen zu herrschen.

Wir leben in einer Welt, in der die Hälfte der Menschheitsfamilie
kein Trinkwasser hat und wir deinen Auftrag nicht erfüllt haben,
die Schöpfung zu vollenden.

Wir leben in einer Welt, deren Reichtum so ungleich verteilt ist, dass 700 Millionen Menschen unterernährt sind, viele andere aber Übergewicht haben. Herr Gott, wir bitten dich, unsere Sünden zu vergeben und uns erkennen zu lassen, wie wir die Gaben, die du allen deinen Kindern gegeben hast, gerechter teilen können, damit die Schöpfung einstimme in unseren Lobgesang für deinen Namen.

Oscar Romero

Sie töteten ihn in der Kirche,
Herr der Geschichte.
Wer wird leben ohne zu sterben?
Sie töteten ihn in einer Kapelle der Stadt.
Sein Tod befleckte den Altar:
Er vergoss sein Blut für sein Volk.
Er sprach von Gerechtigkeit, Liebe und Frieden.
Er hatte sich der Verteidigung der Armen angenommen.
Seine Predigten gefielen denen nicht,
die durch die Wahrheit verurteilt werden:
ihrer Meinung nach war er ein „Subversiver".
Voller Wut erschossen sie ihn, um ihn zum Schweigen zu bringen.
Doch der ermordete Prophet lebt in seinem Volk weiter,
in den Kämpfen der Armen.
Wehe denen, die auf dem Blut
Reichtümer und Macht anhäufen.
Sein Blut vermischte sich mit dem des Erlösers.
Wie er, verzieh er seinen Henkern
und legte voll Vertrauen seinen Geist
in die Hände des Vaters und seines Volkes.
Er war wahrhaftig ein Sohn Gottes
und ein Mann Lateinamerikas.
Der Gute Hirte gibt sein Leben für seine Schafe.
Dich, Herr, töteten sie außerhalb der Stadt,
auch wie einen Subversiven, aber:
Du bist wiedererstanden zu neuem Leben.

Guadeloupe

Gebet eines Jugendlichen

Herr, ich bin so müde.
Müde bin ich zur Welt gekommen,
und ich bin schon weit gelaufen seit dem Hahnenschrei
und der Weg zur Schule ist so steil.
Herr, ich mag nicht mehr in ihre Schule gehen,
mach bitte, dass ich nicht mehr hingehen muss.
Ich möchte mit dem Vater in die kühlen Schluchten gehen,
solang die Nacht noch durch die Zauberwälder schwingt,
wo bis die Dämmerung kommt, die Geister huschen.
Ich möchte barfuß diese roten Pfade gehen,
die in der Mittagsglut kochen
und dann mich schlafen legen unter dem Mangobaum.
Und ich möchte erst aufwachen,
wenn da unten die Sirene der Weißen aufheult
und die Fabrik,
ein Schiff auf dem Zuckerrohrmeer,
anlegt und seine Mannschaft
von Schwarzen ins Land hineinspeit …
Herr, ich mag nicht mehr in ihre Schule gehen,
mach bitte, dass ich nicht mehr hingehen muss.
Sie sagen zwar, ein kleiner Schwarzer müsste hin,
damit er genauso werde
wie die Herren in der Stadt,
damit er ein richtiger Herr werde.
Ich aber, ich möchte das gar nicht werden,
ein Herr in der Stadt, oder wie sie es nennen,
ein richtiger Herr.
Ich bummle lieber an den Zuckerlagern entlang,
wo die prallen Säcke stehen
mit braunem Zucker, o so braun wie meine Haut.

Ich lausche lieber, wenn der Mond
zärtlich ins Ohr der Kokosbäume flüstert,
was der Alte, der immer raucht,
in der Nacht mit gebrochener Stimme erzählt.
Die Geschichten von Samba und Meister Hase
und viele andere noch, die nicht in den Büchern stehen.
Die Schwarzen, weißt du, Herr, haben schon viel zu viel gearbeitet,
warum auch noch aus Büchern lernen müssen
und lauter Sachen, die es hier nicht gibt?
Und dann: Ihre Schule ist wirklich zu traurig,
genauso traurig wie diese Herren in der Stadt, diese richtigen Herren,
die nicht einmal mehr nachts im Mondschein tanzen können.
Die nicht einmal barfuß gehen können,
die nicht einmal mehr die Geschichten erzählen können,
die man nachts an den Feuern erzählt.
Ach Herr, ich mag nicht mehr in ihre Schule gehen.

Guadalupe

Du, Mutter aller Armen,
wo finden wir Erbarmen
in dieser kalten Welt?
Du, Mutter aller Armen,
hast dich zu uns gesellt.
– In Tränen sei gegrüßt,
Jungfrau von Guadalupe,
die du uns Mutter bist.

Wir suchen deinen Schatten;
er gibt uns kühle Kraft
und lässt uns nicht ermatten
auf unsrer Pilgerschaft.
– In Hoffnung sei gegrüßt,
Jungfrau von Guadalupe,
die du uns Obdach bist.

Uns, die aus Elend kamen,
bist du ein Lebensquell;
du gibst uns einen Namen,
er macht uns neu und hell.
– In Liebe sei gegrüßt,
Jungfrau von Guadalupe,
ein Lebensquell du bist.

Birg uns in deinen Händen,
in deinem Mantel groß,
dann wird die Knechtschaft enden,
sich wenden unser Los.
– In Treue sei gegrüßt,
Jungfrau von Guadalupe,
die du uns Schutzfrau bist.

Du Mutter aller Armen,
die uns zur Seite steht,
erzeige dein Erbarmen
dem, der da zu dir fleht.
– In Freuden sei gegrüßt,
Jungfrau von Guadalupe,
die du uns Mutter bist.

Guatemala

Ein Tuch aus Zärtlichkeit

Siehe, wie gut und schön ist es,
wenn Frauen und Männer
geschwisterlich
miteinander umgehen.
Wie gut und schön ist es,
für Gleichheit zu kämpfen,
das Leben miteinander zu teilen
und an einem neuen Leben in Freiheit zu bauen.
Das ist wie köstliches Parfümöl,
das über unseren Köpfen ausgegossen wird,
das uns umgibt und uns einhüllt
wie ein Tuch aus Zärtlichkeit und Wohlgefühl.
Das ist wie Tau, der sich
auf die trockene und leblose Erde legt
und sie benetzt mit Zärtlichkeit, Dank und Segen:
Ewige Liebe unseres Vaters und unserer Mutter,
für immer in unserem Leben gegenwärtig.

Meine Hilfe und mein Schutz

Mein Gott, mein Herr,
auf dich traue ich, du bist meine Hilfe und mein Schutz.
Du bist meine Zuflucht,
bei dir fühle ich mich sicher
vor den ungerechten, brennenden Pfeilen,
abgeschossen von denen, die deine Erlösung
durch Buße und Versöhnung predigen sollen.
Du gibst mir Liebe und Fürsorge wie eine Mutter,
in deren Arme ich mich flüchte nach den täglichen Schikanen

von Kolleginnen, Studenten, Freundinnen und von der Familie.
Gott, auf deine Treue verlasse ich mich.
Du bist meine Hilfe und mein Schutz.
Errette mich vor denen, die in ihrem Amt wie auf einem
Thron hocken;
sie steigen mir in meiner einfachen Hütte aufs Dach.
Du umgibst mich mit deinen Engeln,
sie sollen mich leiten und bewahren vor den giftigen Schlangen,
Skorpionen und den gespaltenen Zungen.
An jedem neuen Tag denke ich an deine Zusage, bei denen
zu sein, die deinen Namen lieben und in Ehren halten.
Gott, wenn ich in Schwierigkeiten bin, so bist du mit mir;
Wenn ich deine Unterstützung brauchte, hast du sie mir gegeben.
Du bist meine Hilfe und mein Schutz.
Du hast mich gerettet und gabst mir Leben.
Auf dich vertraue ich.

Vom Kreuz zur Auferstehung

Gott,
unser Vater,
dich bitten wir,
dass du im Leiden des Volkes von Guatemala
deinen Sohn Jesus auf seinem Kreuzweg erkennst.

Wir bitten dich,
dass du im Angesicht jedes gefolterten Kindes,
jeder vergewaltigten und gebrannten Frau,
jedes von Schlägen oder Schüssen ermordeten Mannes
und jedes mit Macheten umgebrachten Greises
das Angesicht deines Sohnes am Kreuz erkennst.

Wir bitten dich,
so wie die Passion deines Sohnes Jesus
ihren Sinn in der Erlösung der Welt gehabt hat,

dass auch das Blut,
das von so vielen guatemaltekischen Märtyrern vergossen wurde,
bald die Ernte einer neuen Gesellschaft bewirken kann.

Wir bitten dich,
so wie du Jesus am dritten Tage vom Tode auferweckt hast,
dass du auch die Völker Zentralamerikas
und der ganzen Welt
zu neuem Leben erweckst,
damit wir,
nach so viel Tod,
einen Schritt zum Reich der Auferstehung machen können,
das du uns versprochen hast
in Jesus Christus, unserem Herrn.
Amen.

Guyana

Mein Traum

Gott,
ich träume von einer liebenden Welt,
in der wir uns
mit deinen Augen ansehen.

Ich träume von einer einfallsreichen Welt,
in der wir einander
als einzigartige Gabe wertschätzen.

Ich träume von einer hoffnungsvollen Welt,
in der wir die Macht deiner Gnade erkennen,
die umwandelt und erneuert.
Ich träume vom Frieden.

Haiti

Hoffnung

Die Hoffnung ist
wie ein schwelendes Feuer,
das nicht gelöscht werden kann …
Eines Tages wird jenes reinigende Feuer
den Herd einer anständigen, armen Person heizen.

Karfreitag

Karfreitag: das heißt glauben, dass es einen Ostermorgen gibt.
Karfreitag: das bedeutet fehlende Liebe, mangelndes Verständnis
unter Menschen, zu Hause, in Gemeinschaften.

Karfreitag: das heißt vor Gott sein Herz verschließen,
ihn nicht kennen wollen, sein Kommen ablehnen unter dem Vorwand,
den Menschen zu retten.

Karfreitag: das ist die Angst vor seiner Existenz, vor seinem Kommen.

Karfreitag: leben die verunsicherten jungen Menschen,
die durch das Leben verwundet sind
und ohne Hoffnung in die Zukunft blicken.

Karfreitag: leben die Bettler, die Arbeitslosen, die Mittellosen,
die Ausgestoßenen, die Vertriebenen, die Verbannten.

Karfreitag: das sind die Kreuze, die ich tragen muss.

Karfreitag: das heißt auf der Anklagebank sitzen
und wegen des Evangeliums Jesu von Nazareth aussagen müssen.

Karfreitag: das ist die Welt der Blutbäder, des Blutes von Unschuldigen,
Gefolterten, Erschossenen, Selbstmördern, Gefangenen, Verletzten,
auf der Straße von Jericho Überfallenen.

Karfreitag: das heißt glauben, dass es einen Simon gibt,
der mir in der Verzweiflung hilft, der mir hilft, mein Kreuz zu tragen.
Unter der Last des Kreuzes fallen, das heißt,
unter der Last der Ungerechtigkeit, der Denunziation,
der Verleumdung erdrückt zu werden.

Sich mit dem Kreuz erheben, das heißt seinen Karfreitag
auf sich zu nehmen, für die Wahrheit zu kämpfen, sich einzusetzen,
nicht mehr stumm die Ungerechtigkeit hinzunehmen.

Karfreitag heißt: glauben, dass es einen Ostermorgen gibt.

Ostern

Ostern: das heißt, aus dem Grab erstehen.
Ostern: das heißt, an die Hoffnung
durch den auferstandenen Christus glauben.
Ostern: das heißt, offen für das neue Leben sein,
das ich durch Christus, den Erlöser, erreichen kann.
Ostern: das bedeutet, gegen jede Form der Gewalt, der Unterdrückung,
der Willkür, der Diskriminierung, des Egoismus, der Ungerechtigkeit
und der Missachtung des Menschen zu kämpfen.
Ostern: das heißt, zu glauben, dass dort, wo die Sünde herrscht,
die Gnade Gottes noch größer ist.
Ostern: das bedeutet, durch Jesus Christus bescheiden und demütig werden.
Ostern: das heißt, dafür kämpfen, dass mein Leben ein für das hiesige
und kommende Reich Gottes gelebtes Evangeliums sein.
Ostern: das heißt, nein sagen zum Ausspruch
„die Resignation beherrscht den Menschen."
Ostern: das heißt, den Mut haben, zu verzeihen, den aufzunehmen,
der mir die Hand reicht, um sich mit mir zu versöhnen.

Ostern: das heißt, sich ganz klein zu machen und zum andern zu gehen,
um ihn um Versöhnung zu bitten.
Ostern: das ist Jesus, der mir sagt,
ich werde dir helfen, dein Kreuz zu tragen.
Ostern: das ist Jesus, der uns sagt,
kommt her zu mir, die ihr mühsam
und beladen seid; in mir werdet ihr Ruhe finden.
Ostern: das heißt, glauben, hoffen, lieben, teilen …
Ostern: das heißt, Jesus konkret nachzufolgen.
Ostern: das ist das Leben, Freude, Kampf, Sieg.

Wenn es stimmt, dass ich in meinem Leben einen Karfreitag erlebe,
wo ich erdrückt, gefoltert, entstellt werde, dann stimmt es auch,
dass ich auch in diesem Leben einen Ostermorgen erlebe,
wo ich durch das Leben des gekreuzigten und auferstandenen
Jesus von Nazareth ein anderer Mensch werde.

Jamaika

Unschätzbare Liebe

Ruhmreicher Gott,
dessen Angesicht auf die Menschen scheint, die ihm dienen,
und von dessen Liebe uns nichts trennen kann,
schenke uns ein verständnisvolles Herz,
dass wir die unschätzbare Liebe verkündigen können,
die deinen Sohn auf Golgatha führte
und uns die Erlösung verlieh,
die Geld nicht kaufen kann,
die die Auszeichnung der göttlich-menschlichen Beziehung ist,
die reicher ist als Bauxit,
wünschenswerter als wunderschöne Strände
und wertvoller als die teuerste Perle.

Kolumbien

Gelobt und gepriesen seist du

Gelobt und gepriesen seist du, Jesus Christus,
weil deine Liebe zu uns keine Grenzen hat,
weil du dein Leben hingegeben hast, um uns Leben zu geben,
weil dein Blut uns reingewaschen und erlöst hat,
weil du gekommen bist, das Verlorene zu retten,
weil du gekommen bist, die Sünder zu rufen,
damit sie in dir Leben haben.
Gelobt und gepriesen seist du,
weil du, obwohl du uns kennst, uns immer noch vertraust
und uns einlädst zu Heiligkeit und Vollkommenheit.
Gelobt und gepriesen seist du,
weil du ein ehrliches und demütiges Herz möchtest,
um es mit Liebe und Barmherzigkeit zu füllen,
um ihm wieder deine Liebe und Gunst zu geben,
damit wir neu beginnen können.
Gelobt und gepriesen seist du,
weil deine Liebe und Vergebung
größer ist als unsere Schwäche und Zerbrechlichkeit,
weil du Leben spendest und deine Barmherzigkeit erneuerst.
Gelobt und gepriesen seist du,
weil du unentwegt unser Herz berührst,
indem du uns einlädst, zu dir zurückzukehren,
um von dir Gunst und Vergebung zu bekommen.
Gelobt und gepriesen seist du,
weil du uns einlädst, neu zu beginnen
und Leben, Vergebung, Liebe und Freude von dir zu empfangen.
Du, Herr, der in uns diese gute Tat begonnen hat,
fülle uns mit deiner Anwesenheit
und mach, dass wir,
erleuchtet und geführt von deinem Heiligen Geist,
dich immer suchen und in Treue und Hingabe verbleiben.

Du, der in uns diese gute Tat begonnen hat,
bringe sie zu ihrer Vollkommenheit.
Amen.

Heute schon

Gemeinsam, aus tiefstem Herzen und aus unserem Heimatland,
als Männer und Frauen aus der großen Gemeinschaft der Kirchen,
bekennen wir in der Vielfalt unserer Glaubensbekenntnisse,
dass du, o Gott des Lebens, der Einzige bist.
Wir erfahren deine Gegenwart in dem Gesicht eines Mannes und einer Frau,
entdecken dich in den Gesichtern der indigenen Völker
und in den Menschen mit afrikanischen Vorfahren,
auf dem Land und in der Stadt,
in der Kirche, im Volk Gottes,
in großer Unterschiedlichkeit um den einen gemeinsamen Tisch.
Du hast dich in Jesus von Nazareth menschlich gemacht,
als Offenbarung des Vaters und des Geistes der Liebe.

In deiner Hand hältst du den Traum des Lebens, erfüllt und wertvoll,
gleich und gerecht, gegründet in Freiheit und Glauben.
Wir glauben an die Kraft deines Geistes, der uns alle erneuert,
an die Kraft, die Ungerechtigkeit und Tod überwindet,
an die Kraft, die die Wahrheit erhellt und die Rechte der Menschen verteidigt.

Deshalb, Gott des Lebens,
bringen wir dir unsere Trauer für die Menschen, die vom Krieg betroffen sind,
mit lauter Stimme schreien wir unsere Empörung heraus,
weil die Menschenrechte verweigert werden, schmutziger Krieg,
Interessen der Ausländer und die Herrschaft der Unterdrücker
uns unterjochen.

Lass Gerechtigkeit niederregnen wie Morgentau,
erhalte die Hoffnung, auf dass das Leben blühe.
Begleite unseren Weg des Glaubens und des Widerstandes,

dass die Solidarität und Kameradschaft unter den Völkern wächst.
Lass uns das Ziel nicht aus den Augen verlieren:
Frieden und soziale Gerechigkeit,
auf dass deine Liebe eine neue Gesellschaft regiert.
Heute, mit allen unseren Glaubensbekenntnissen,
verschiedenen Kulturen und Völkern wollen wir am Frieden bauen,
mit dem Blut der Märtyererinnen und Märtyrer,
mit deinem lebendigen Wort,
mit Widerstand und Träumen,
mit Tanz, Gesang und Lob,
mit dem Regenbogen, der den Weg weist,
mit unserem Leben, verwandelt in Hoffnung,
mit Gerechtigkeit, der Frucht der Wahrheit.
O, wenn dein Friede doch nur heute schon käme, Herr.

Seligpreisungen vom Barrio Atena/Bogotá

Glückselig die Armen, die mit ihrer Arbeit
der Gemeinschaft Leben und Freude geben,
weil sie unterstützt werden
und die Geschwisterlichkeit leben werden.

Glückselig die Solidargemeinschaft mit dem Kampf der Mütter,
um den Kindern mehr Brot, mehr Liebe, Freude
und eine bessere Zukunft zu geben,
weil sie ein gerechtes Kolumbien aufbauen werden.

Glückselig die Basisgemeinden,
die sich durch Reflexion über die Realität,
die wir leben, bewusst werden,
weil sie einen Wandel hervorbringen können.

Glückselig die Väter und die Mütter,
die darum kämpfen, ihre Familien voranzubringen,
weil ihre Kinder es ihnen vergelten werden.

Glückselig diejenigen, die in Stadtrandvierteln leben
und das Wenige, das sie haben, teilen,
weil sie die Freude haben werden,
in Gemeinschaft zu leben.

Glückselig diejenigen, die das tägliche Brot teilen
und den Egoismus und den Neid überwinden,
weil sie das Reich Gottes aufbauen.

Glückselig diejenigen, die sich darum bemühen,
die Familienbande lebendig zu halten,
weil sie eine geschwisterliche,
weniger gewalttätige Gesellschaft schmieden,
so wie Gott sie will.

Glückselig die Jugendlichen,
die sich nicht von der Konsumgesellschaft versklaven lassen
und Gruppen bilden, in denen sie die Chance haben,
als Personen zu wachsen, weil diese den Weg der Befreiung zeigen werden.

Glückselig die Erzieherinnen und Erzieher der Kinder,
weil sie mit ihrer Arbeit den Vätern und Müttern
bei der Erziehung ihrer Kinder helfen, weil sie dabei sind,
eine bessere Zukunft zu schmieden.

Glückselig diejenigen, die sich mit den Kranken solidarisieren,
weil sie ihren Schmerz erleichtern.
Glückselig die Lehrerinnen und Lehrer,
die die Kinder mit Liebe erziehen,
weil sie an einer neuen Gesellschaft arbeiten.

Kuba

Dies ist der Tag des Herrn;
dies ist die Zeit des Heils

Vor deinen Augen
werden wir nicht mehr erröten
wegen der ehemaligen
Sünden deines Volkes.

Mit Stumpf und Stiel wirst du
das stolze Herz ausreißen
und dir ein demütiges Volk schaffen
mit aufrichtigen Herzen.

Inmitten der Ungläubigen
bewahrst du uns wie einen Rest,
um deine Werke zu besingen
und deine Herrschaft auszubreiten.

Wir werden sein ein neues Geschlecht
für den neuen Himmel,
ein priesterliches Geschlecht,
deinem Erstgeborenen gleich.

Die Unterdrücker werden niederstürzen
und frohlocken die Sklaven;
die Söhne der Schmach werden die Erben sein.
Dann wirst du ausrufen den Tag der Heimkehr
für die, die dein Brot in der Wüste aßen.

Frohlocke, meine Seele.
Es freue sich mein Volk!
Denn der Herr, der Gerechte,
widerruft seine Ratschlüsse nicht.

Die Erlösung wird ausgerufen
dort, wo die Verdammnis lauerte,
denn der Herr wohnt
inmitten seines Volkes.

Du reist mit uns

Gott, wir bitten dich,
dass du mit denen bist, die reisen;
mit den Touristen,
die Geld ausgeben und sammeln und dann vergessen –
dass sie sich an das, was in ihrem Leben wirklich ist, erinnern mögen;
mit den Flüchtlingen und Wanderarbeitern,
die sparen und verlieren,
sich aber immer erinnern –
dass sie vergessen mögen,
was an dem, was sie erfahren, unmenschlich ist.

Gott, wir bitten dich,
mit denen, die an einem Ort verweilen,
die vor Ungerechtigkeit fliehen,
die umherirren,
die nach Führung suchen,
die anderen zu dienen suchen –
dass sie deine Stimme,
deine Berührung,
deine Liebe und Gegenwart finden mögen.

Lass uns der Welt um uns herum unsere Aufmerksamkeit schenken,
die Risiken des Wandels und der Hoffnung auf uns nehmen,
dem Ruf folgen –
immer in dem Wissen, dass du mit uns reist.

Mein Fleisch – dein Wort

Dein Wort wurde Fleisch
und mein Fleisch wird heute dein Wort,
mit deinem Hauch des Absoluten hineingehauen
in meinen Felsen von Grenze und Abstand.

Bin bewegliche Freiheit
in deinem Herzen, das mich birgt,
in deinem Denken, das mich schafft.

Bin Wort wie ein Schwert
mit doppelter Schneide
in deiner Prophetenhand,
und ein Herzenswort ganz nah
in deinem Blick auf das All.

Bin Wort, das heiser ist
von soviel Leid,
aus zugeschnürten Kehlen geboren
in deinem Volk, das seine Klage schreit.

Bin dein Wort aus Nazareth
und arm,
mit dem Geruch nach nasser Erde vom Weg.

Bin Wort zu Türen und Fenstern getragen
von Winden, die eintreten wo geöffnet wird
oder in irgendeiner Straße spielen
und sich verlieren.

Mexiko

Durch den wir leben

Herr der Welt, dir singe ich mein Lied.
Alles, was blüht, blüht für dich.
Die Welt ist gesegnet und voll Freude.
Dir singe ich mein Lied.
Es glänzt der Tau,
es jubeln die Vögel – sie zwitschern und tönen überall.
Sie singen dir zur Ehre,
dir, dem Erschaffer des Weltalls,
dir, dem Herrn der Welt,
Herr, lass mich singen
mein Lied dir zur Ehre,
du Grund des Weltalls.
Meine Seele soll dich loben
im Himmel, damit du sie freundlich
empfängst, wenn sie kommt,
du, durch den wir leben.

Hunger und Durst

Mich hungert und dürstet, hungert und dürstet nach Wachstum,
wie so viele Frauen in unseren Kirchen und in unseren Ländern.
Ich möchte meine wahre Gestalt erlangen
und den Platz einnehmen, der mir gegeben wurde
vom Höchsten vor sehr langer Zeit.

Mich hungert und dürstet, hungert und dürstet nach Gleichheit,
wie so viele Frauen in unseren Kirchen und in unseren Ländern.
Ich möchte jedem Menschen in die Augen sehen,
und in der teuer bezahlten Würde leben,
die mir gegeben wurde vom Höchsten vor sehr langer Zeit.

Mich hungert und dürstet, hungert und dürstet nach Anerkennung,
wie so viele Frauen in unseren Kirchen und in unseren Ländern.
Ich möchte Wertschätzung für meine Arbeit erfahren
und die Früchte sehen,
die ich allein durch die Gnade des Höchsten erlangen kann.

Mich hungert und dürstet, hungert und dürstet nach Gerechtigkeit,
wie so viele Frauen in unseren Kirchen und in unseren Ländern,
sie sind oft Opfer der brutalsten und subtilsten Gewalt.
Ich will nicht länger vergewaltigt oder misshandelt werden.
Vom Allerhöchsten her und vor sehr langer Zeit
bin ich, so wie alle anderen Menschen,
das Ebenbild dessen, der mich geschaffen hat.

Indio-Gebet

Herr, wir Campesinos und Indios spüren, dass unsere Hauptprobleme
folgende sind:

der niedrige Preis unserer Produkte;
der Alkoholismus,
manchmal von der Regierung selbst gefördert;
die politische Unterdrückung;
die Prostitution;
die Gelegenheitsarbeit, verbunden mit der Arbeitslosigkeit;
die Ungerechtigkeit der Obrigkeiten, die sich den Reichen verkaufen;
die Dorfvorsteher, die uns ausbeuten
und das wenige, was wir haben, stehlen;
die Morde;
das Fehlen von Schulen und Wegen;
das Anpassen an die vorherrschende Meinung;
der Paternalismus;
das Fehlen ärztlicher Betreuung;
die Verantwortungslosigkeit vieler Amtspersonen,
die viel versprechen und nichts halten;

die religiöse Unwissenheit;
die geringe Teilnahme an den Sakramenten;
die innere Abkehr von der Kirche;
der Priestermangel;
das Fehlen von Unterstützung für die Laienkatechisten.

Angesichts dieser Probleme verpflichten wir uns mit deiner Hilfe, Herr:
uns in Gemeinschaft zusammenzuschließen, denn wir selbst
sind verantwortlich für unseren Fortschritt;
Komitees und Gruppen zu bilden, um uns an die Behörden zu wenden
und Schritte zur Lösung unserer Probleme zu unternehmen;
unser Volk zu evangelisieren, um uns alle gemeinsam zu befreien;
viel zu beten, um immer mit deiner Hilfe zu rechnen.

Aber wir benötigen auch, Herr, die Hilfe unserer Brüder:
dass die Priester und Ordensleute uns in unseren Problemen helfen,
uns unterstützen und uns den Weg weisen;
dass die Bischöfe uns mehr Priester schicken und diejenigen,
die schon unter uns sind, unterstützen;
dass die Bischöfe und Priester ihren Einfluss bei den Behörden
geltend machen, damit man uns anhört, und unsere Probleme
so schneller gelöst werden.

Dieses alles bringen wir dir dar, Herr,
und bitten dich, uns immer zu begleiten.

Nicaragua

Bitte um Frieden

Gott, so viele leiden, weil Menschen anderen Menschen
Leid zufügen. Wer leidet, das sind die Mütter und Kinder.
Die Väter sterben als Helden. Auch die Brüder.
Gib, dass nicht mehr Blut fließt, wie es bei uns in Nicaragua
geflossen ist. Die Kinder leiden Hunger. Sie weinen um die Eltern, wenn sie sie auf einmal nicht mehr sehen, denn sie kämpfen
für die Heimat, damit sie ein Ort des Friedens wird.

Wir tun uns schwer

Wir bekennen, Herr,
dass wir dein Evangelium noch nicht vollständig begriffen haben.
Auch haben wir die uns umgebende Wirklichkeit
noch nicht richtig durchschaut.
Verzeih uns unsere Verwirrung und unsere Zaghaftigkeit,
deine Zeugen zu sein,
die Zeichen des Reiches zu erkennen,
anderen zu vergeben,
Ansätze der Hoffnung zu suchen.

Wir tun uns schwer, gemeinsam zu beten,
die Einheit des Leibes Christi zu bezeugen,
unsern Reichtum und unsere Armut zu teilen,
für die Überraschung des Heiligen Geistes bereit zu sein.

Es gelingt uns nicht immer,
unsere Schritte auf den Weg des Friedens zu richten,
uns zu bekehren,
in Liebe zu leben,
Samen deines Friedens und deiner Gerechtigkeit zu sein.

Panama

Für deine Liebe da sein

Gott, vereine unsere Herzen. Hilf uns, zur Ruhe zu kommen.
In tiefer Ehrfurcht wollen wir den Platz ausfüllen,
den deine Liebe uns bereitet.
Wecke in uns die Sehnsucht, ganz und gar für sie da zu sein.
Hilf, dass wir uns immer deiner Gegenwart bewusst sind:
als Botschafterinnen in deiner Nachfolge
und Mitarbeiterinnen in deinem Dienst,
besonders in Zeiten der Veränderung.
Gott, du hast dich vielen Frauen geoffenbart.
Du hast ihre Gebete erhört.
So wie sie vertrauen auch wir auf deine Hilfe.
Forme unser Leben,
damit wir den Anforderungen der Zukunft standhalten.
Amen.

Wir sind taub und stumm geblieben

Unser Gott und Vater,
beschämt bekennen wir,
dass wir deiner Herrlichkeit
nicht gerecht werden.
Wir haben nicht getan,
was wir hätten tun sollen.
Wir sind taub geblieben
gegenüber den Schreien derer,
die geplagt sind.
Wir sind stumm geblieben
angesichts des Bösen.
Wir haben zugelassen,

dass sich die Schatten des Todes
über den unschuldig Verdammten
zusammenballen.
Wir haben es unterlassen,
deine Befreiung der Unterdrückten
vollmächtig und überzeugt zu verkünden.
Wir tun Buße.
Vergib uns in deiner Gnade und Güte.
Erneuere uns an Geist,
Herz und Seele
durch Christus.

Paraguay

Du bist der Gott des Lebens

Du bist der Gott des Lebens,
du schufst die Welt mit Macht,
du hast auch uns geschaffen,
hast alles gut gemacht.

Du bist der Gott des Lebens,
du liebst was schwach und klein,
du willst, dass wir es schützen,
so soll es bei uns ein.

Du bist der Gott des Lebens
und der Gerechtigkeit,
du willst, dass wir sie üben,
in dieser unsrer Zeit.

Du bist der Gott des Lebens,
du gabst uns Fluss und Wald,
du willst, dass wir sie achten,
und sorgen für Erhalt.

Du bist der Gott des Lebens,
wir sind Geschöpfe dein,
du willst, dass wir dir dienen,
und keiner sei allein.

Du bist der Gott des Lebens,
du willst nicht Krieg und Tod,
du willst, dass wir dir folgen,
in Freude, Leid und Not.

Du bist der Gott des Lebens,
du gabst uns deinen Sohn,
ihm wollen treu wir bleiben,
auch wenn Gefahren drohen.

Er ist da

Gott! Ich bete für meinen Freund.
Er ist ein guter Freund, weil er mich in Not und Freude nicht alleine lässt.
Er freut sich mit mir, und er weint mit mir.
Wenn es mir gut geht, wenn es mir schlecht geht,
dann ist mein Freund einfach da.
Er ist wie ein Bruder für mich.
Ich brauche nicht viele Freunde, aber mein Freund, der ist da,
wenn ich ihn brauche. Er ist eben mein Freund.

Ostern – Befreiung durch den Auferstandenen

Lasst uns preisen den lebenden Christus,
alle, die wir auf der Welt Hunger und Durst haben,
denn sein Geist der Befreiung erschüttert
bereits unser Inneres.

Lasst uns Christus, dem Herrn der Geschichte, nachfolgen,
der die Unterdrückung seines Volkes gesehen hat.
Er ist herniedergekommen, um uns zu helfen.

Wir danken dir, Jesus,
dass du nicht gekommen bist, um behilflich zu sein
nach der Art der Machthaber.

Du hast es verstanden, dich zu beteiligen
in unserem Leid, an unserem Kampf,
indem du in allem uns ähnlich wurdest.

Wir danken dir, Jesus, dass du immer mitwirkst,
überall, wo nach Befreiung gesucht wird.

Wo für Gerechtigkeit gekämpft wird,
nehmen wir deine Anwesenheit wahr, o Herr.
Wenn die Blinden sehen und die Lahmen gehen,
wenn das Volk sich bewusst auf den Weg begibt,
sehen wir darin deine Hand, o Herr.

Es ist die Kraft des auferstandenen Christus,
die die Ketten der Unterdrückung sprengt
und die Riegel der Gefängnisse zerschlägt.
Es ist Christus selbst, der mit uns kämpft –
wen sollen wir fürchten?
Gelobt sei Gott, der uns den Sieg verheißt!

Peru

Das Leben säen

Das Leben säen wir auf unserem Land,
das Weizenkorn des Evangeliums,
trotz harter Brocken der Ausbeutung,
an der wir zu leiden haben.
Unsere Fantasie ließen wir sprießen,
um zu überleben im Hunger
und uns zu wehren gegen Schmach,
um uns zu organisieren im Chaos,
um uns zu freuen trotz endlosen Leids
und um zu träumen –
über Verzweiflung hinaus.
Reichtum anzuhäufen war nie unser Traum.
Unser einziger Reichtum wird das Leben
im Reiche Gottes sein.
Wir haben aber den Traum,
das Lebensnotwendige teilen zu können.
Denn wir sind Geschwister,
weil Gott uns liebt.
Wir glauben,
Schwestern und Brüder
aller Menschen zu werden.
Das heißt: das Leben säen,
um den Frieden zu ernten.

Du bist unser Vater

Ich bete so gern das Vaterunser.
Ich überlege:
Guter Gott, ich darf zu dir Vater sagen.
Ein Waisenkind hat niemanden,

zu dem es Vater sagen kann.
Wer das Vaterunser betet,
kann kein Waisenkind sein.
Mein Vater hat mir das Leben gegeben,
ich bin sein Kind.
Du hast mir auch das Leben gegeben.
Ich höre mein Herz schlagen
und meine Stimme singen.
Ich bin auch dein Kind, guter Gott.
Wenn ich das Vaterunser bete,
weiß ich, dass ich dein Kind bin:
Ich weiß, dass du mich liebst
wie ein Vater sein Kind liebt.
Ich danke dir, dass ich dein Kind sein darf.
„Kind Gottes":
Ich bin stolz auf diesen wunderschönen Titel.

Gebet auf dem Weg

Wir sind Deine Kirche, Herr.
Du hast sie gegründet und,
zu einer Gemeinschaft zusammengeschlossen.
Wir sind Dein Volk, ständig unterwegs,
zwischen Ermattung und Hoffnung.
Jesus, unser Freund,
du wirst uns sicher ans Ziel führen.
Wir haben einen Glauben, dessen
Licht uns erhellt und immer wieder
hoffen lässt, wenn uns die Nacht einhüllt,
Unruhe und Unsicherheit bedrückt.
Du, Jesus, zeigst uns den Weg.
Du bist es ja, der auf dem Weg
immer bei uns ist und uns nicht allein lässt.
Wenn auch überall Gefahren uns auflauern,
Du wirst unser Retter sein, Jesus. Amen.

Uruguay

Damit wir Salz der Erde sind

Herr, du hast uns in die Welt gestellt,
damit wir Salz der Erde sind.
Aber wir hatten Angst uns einzusetzen,
Angst davor, gesteinigt zu werden.
Wir wollten nicht hören,
was die „anderen" sagen würden.
Und unser Salz löste sich auf wie Wasser.
Vergib uns, Jesus Christus!
Herr, du hast uns in die Welt gestellt,
damit wir Licht der Welt sind.
Aber wir hatten Angst vor den Dunkelheiten,
Angst vor der Armut.
Wir wollten die anderen Leute
gar nicht kennen lernen.
Und unser Licht schwand dahin.
Vergib uns, Jesus Christus!
Herr, du hast uns in die Welt gestellt,
um in Gemeinschaft zu leben.
Du hast uns gelehrt zu lieben,
aneinander Anteil zu nehmen,
zu kämpfen für Brot und Gerechtigkeit.
Deine Wahrheit soll in unserem Leben
zur Welt kommen.
So soll es sein: Jesus Christus!

Hoffnungstraum

Ich hoffe, die Kinder Lateinamerikas müssen
eines nahen Tages nicht mehr an der eigenen Haut
die Auswirkungen einer Auslandsverschuldung verspüren,
die uns zwingt, unsere so lebensnotwendigen Reichtümer
denen zu geben, die schon zu reich sind.

Ich hoffe, unsere und eure Töchter und Söhne wissen
eines Tages nicht mehr, was
Krieg, Hunger, Auslandsverschuldung, Diskriminierung
bedeuten, weil diese Wörter nicht mehr gebraucht werden
und aus unseren Wörterbüchern gestrichen sind.

Ich hoffe, die Kinder der reichen und der armen Länder
begegnen sich eines Tages in einer einzigen Umarmung
und genießen gemeinsam das Leben und die Freiheit
wie Schwestern und Brüder.

Ich hoffe, wir haben eines Tages alle erfahren,
dass die Liebe die einzig wirkungsvolle
Abschreckungsdoktrin ist und
Zärtlichkeit und Lächeln stärker sind als Feuerwaffen.

Ich hoffe, dass wir eines nahen Tages
alle zusammen sagen:
„Frieden und Gerechtigkeit sind möglich – jetzt!"

Kein Mord mehr an Träumen und Hoffnungen!
Selig, die am Frieden bauen!
Selig, die an die Kraft der Liebe und Solidarität glauben!

Venezuela

Gib uns deinen Geist

Gib uns deinen Geist,
Damit wir geduldiger werden,
gib uns Kraft, Herr.
damit wir Friedensstifter werden,
statte uns aus, Herr.
Damit wir aufrichtig werden,
gib uns dein Licht, Herr.
Damit wir unsere Fehler akzeptieren,
gib uns Demut, Herr.
Damit wir mit allen, die leiden, solidarisch sind,
mach uns mitfühlend, Herr.
Damit all unsere Taten von Liebe geleitet sind,
gib uns deinen Geist, Herr.

Schenke uns Weitblick

In unserer schwierigen Situation
leidet die Gesellschaft unter den Folgen der Fehler,
die die Verantwortlichen in Politik und Wirtschaft gemacht haben.
Es gibt nur Hoffnungslosigkeit und Zweifel, der Weitblick fehlt.
Trotzdem, hilf uns,
dass wir deine herrlichen Werke nicht aus den Augen verlieren, o Gott,
in deiner Schöpfung,
in den Gesichtern deiner Kinder,
in der leuchtenden Jugend,
in der Weisheit und Gelassenheit der Alten,
dass nichts oder niemand uns von unserem Auftrag abbringen kann,
deinen Willen zu erfüllen und deinem Beispiel zu folgen.

Ozeanien

Australien

Du sagst: „Fürchtet euch nicht!"

Gott, du gehst auf den Wassern unserer Furcht,
Strecke deine Hand aus, um uns festzuhalten,
und sage uns, dass wir keine Angst zu haben brauchen.
Wir kommen, um dich im Glauben zu preisen.
Gott, du sprichst zu uns in Geschichten,
in anderen und im Leben selbst.
Wir kommen, um dich im Glauben zu preisen,
denn du bist unser Gott und wir sind dein Volk.

Jetzt und immerdar dir dienen

Guter Gott,
möge die Kühnheit deines Geistes uns verwandeln,
möge die Güte deines Geistes uns führen,
mögen die Gaben deines Geistes uns befähigen,
dir zu dienen und dich anzubeten
jetzt und immerdar.
Durch Jesus Christus, unsern Herrn.
Amen.

Komm zu uns

Komm zu uns, Gott des Friedens,
komm mit deiner heilenden, tröstenden Kraft,
dass Angst von Liebe verjagt wird,
Vorurteile in Hoffnung verwandelt werden
und Hass der Sanftmütigkeit Platz macht.
Komm zu uns, Gott des Friedens.

Komm zu uns, Gott der Gerechtigkeit,
dass wir die Schreie der von Aids Betroffenen hören,
die uns rufen, so wie sie Jesus, den Heiler riefen,
mit ihnen auf die Suche nach Gerechtigkeit und Gnade zu gehen.
Komm zu uns, Gott der Gerechtigkeit.

Komm zu uns, Gott der Liebe.
Komm, dass wir dich in den Armen,
Einsamen und Aidskranken sehen.
Komm, dass wir auf sie als deine mitfühlende Kirche zugehen.

Komm, dass wir dich in den Menschen aller Rassen erkennen
und uns der Hoffnung verpflichten,
dass wir unser Leben in wahrer Gemeinschaft und Gerechtigkeit feiern.
Komm zu uns, Gott der Liebe.

Fidschi

Die Kirche – ein Traum

Hier ist
unser Traum, unsere Vision für die Kirche in Fidschi und Rotuma.
Es ist ein Traum, der uns herausfordert, zu
arbeiten und zu kämpfen, bis er Wirklichkeit wird.

Wir träumen von Gemeinschaften
kleiner Gemeinschaften,
selbst-dienend (personell, Laien),
selbst-erhaltend (materiell),
selbst-verkündend (Evangelisierung),
selbst-darstellend (kulturell),
selbst-endeckend (theologisch),
selbst-konfrontierend (Unrecht).

Wir träumen von Gemeinschaften
deren Mitglieder, Jünger Jesu und bevollmächtigt durch den Geist,
gesandt sind zum Gesamt der Gesellschaft,
um die Wahrheit des Evangeliums zu verkünden,
um Übel und Unrecht anzuklagen,
um mit allen Menschen guten Willens zusammenzuarbeiten,
um eine Gesellschaft der Gerechtigkeit und
des Friedens zu bauen, des Teilens,
der liebenden Sorge für die Menschen und
für das Land, Gottes kostbares Geschenk.

Wir träumen von einer Ortskirche
in Fidschi und Rotuma:
eine Kirche, gebildet aus Pfarreien,
geeint durch ihre geweihten Hirten,
mit ihrem Oberhirten, dem Erzbischof;

eine Ortskirche, im Bewusstsein ihrer
Bindungen und ihres Dienstes an anderen
pazifischen Kirchen und der Universalkirche und bereit,
einige ihrer Mitglieder zur Mission in andere
Ortskirchen zu senden.

Wir träumen von Pfarreien
bereichert durch kulturelle Vielfalt,
geeint in kultureller Vielfalt,
weil die wertgeschätzt und verwendet
wird in Dienst und Feier.
Pfarreien, wo alle bereit sind,
zu dienen und zusammenzuarbeiten,
zu lernen von Menschen aller Religionen,
sie zu achten und willkommen
zu heißen als Brüder und Schwestern.

Wir träumen von einer Ortskirche
ihrer Geschichte und ihrer Zukunft bewusst:
eine pilgernde Kirche,
eine dienende Kirche
eine geeinte Kirche ...

Wir träumen von Pfarreien
um die sich Hirten sorgen,
die demütig sind und schlicht und
mitleidsvoll,
gebetsliebend und hingebungsvoll,
vertrauend und vergebend –
Zeugen in Wort und Tat für Jesus Christus,
die zuhören können und unterscheiden,
ermutigen und lehren, feiern und heiligen;
Pfarreien, denen geholfen wird durch
diözesane Strukturen für die Verwaltung,
Forschung, die Kommunikation, die Evangelisierung
und die pastorale Bildung;

Pfarreien, denen geholfen wird durch
Gemeinschaften von Ordensbrüdern und -schwestern,
die Zeugnis ablegen
vom kommenden Königreich durch ihr Leben und Arbeiten.

Wir träumen von Pfarreien,
wo die Familie eine wahre Hauskirche ist,
die kostbare Zelle, die wertgeschätzt,
unterstützt, ernährt werden muss,
um allen ein zeichenhaftes Sakrament
zu werden,
dabei Gottes Liebe enthüllend;
wo der Dienst an der Jugend und den
Erwachsenen eine tiefe Glaubensverpflichtung zum Ziel hat,
Glaube an Jesus im Dienste seiner Kirche,
entweder in Ehe und Elternschaft oder in
ehelosem Leben (kontemplativ, apostolisch oder häuslich).

Neben allem Leiden

Gott unserer Geburt und unseres Lebens,
Gott unserer Freude und unseres Schmerzes,
wir glauben, dass es neben unserem Schmerz Heilung geben kann.
Wir glauben, dass es neben der Gebrochenheit in unseren Herzen,
unseren Familien und unserer Gemeinschaft Versöhnung geben kann.
Wir glauben, dass es neben unserem Zorn Frieden geben kann.
Wir glauben, dass es neben unseren schmerzenden Herzen
Vergebung geben kann.
Wir glauben, dass neben unserem Schweigen Gottes Gegenwart spricht.
Fordere uns heraus, das Leben zu genießen
und unseren Glauben zu bekräftigen,
so dass das Leben der Ort werden kann, wo unser Glaube bleibt,
wo unsere Hoffnung aushält und Liebe in alle Ewigkeit wohnt.

Vor der Kommunion

Möge die Gegenwart und die Liebe Gottes neu erfahren werden
an dem Tisch, an dem Christus uns mit Gott versöhnt hat:
der Tisch, an dem der Herr seine Liebe und Nähe offenbart hat;
der Tisch, an dem wir teilen, empfangen und geben;
der Tisch, an dem Vergebung geschieht und erfahren wird;
der Tisch, an dem christliche Familien
in ihrer Gemeinschaft bereichert werden;
der Tisch, an dem die Einheit und die Vielfalt
gewürdigt und geschätzt wird;
der Tisch, an dem unsere Augen gereinigt und geöffnet werden,
auf dass wir die anderen sehen und an ihnen Anteil nehmen;
der Tisch, an dem unser ganzes Sein erneuert wird
und aufersteht jetzt und in alle Ewigkeit.

Melanesien

Gott segne mich!

Geh mit der Kraft, die du hast.
Geh einfach,
leicht,
behutsam,
auf der Suche nach Liebe.
Und Gottes Geist wird mit dir gehen.

Lebensreise

O Jesus, sei das Kanu, das mich auf dem Meer des Lebens hält;
sei das Ruder, das mir hilft, auf dem geraden Weg zu bleiben;
sei der Schwimmbalken, der mich in Zeiten der Versuchung unterstützt;
lass dein Geist mein Segel sein, das mich durch jeden Tag bringt.
Erhalte die Stärke meines Körpers,
dass ich standhaft auf der Reise des Lebens paddeln kann.

Zu Hause

Du, Herr, bist mein Hirte:
Du lässt mich eine neue Welt sehen
und lenkst meine Schritte dorthin.
Du gibst mir immer wieder neue Kraft.
Ich freue mich darüber,
dass du mir Güte
und Verzeihung anbietest
mein Leben lang.
Darum möchte ich immer ganz nahe
bei dir sein;
denn bei dir fühle ich mich wie zu Hause.

Neuseeland

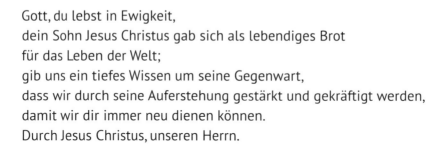

Seine Gegenwart

Gott, du lebst in Ewigkeit,
dein Sohn Jesus Christus gab sich als lebendiges Brot
für das Leben der Welt;
gib uns ein tiefes Wissen um seine Gegenwart,
dass wir durch seine Auferstehung gestärkt und gekräftigt werden,
damit wir dir immer neu dienen können.
Durch Jesus Christus, unseren Herrn.

Nichts für uns allein

Herr, gib uns Augen,
die den Nachbarn sehen,
Ohren, die ihn hören
und ihn auch verstehen!
Hände, die es lernen,
wie man hilft und heilt,
Füße die nicht zögern,
wenn die Hilfe eilt.
Herzen, die sich freuen,
wenn ein anderer lacht,
einen Mund, zu reden,
was ihn glücklich macht.
Dank für alle Gaben,
hilf uns wachsam sein!
Zeig uns, Herr,
wir haben nichts für uns allein.

Papua-Neuguinea

Es gibt Zeiten ...

Es gibt Zeiten,
da bin ich traurig,
aber du tröstest mich.
Es gibt Zeiten,
da bin ich zornig,
aber du beruhigst mich.
Es gibt Zeiten,
da bin ich niedergeschlagen,
aber du machst mich fröhlich.
Es gibt Zeiten,
da scheint alles hoffnungslos,
aber du gibst mir neue Hoffnung.
Danke, Gott,
dass du mir hilfst,
wenn in meinem Leben
etwas schief geht.
Herr, du bist wie die Radiowellen.
Radiowellen gibt es überall
in der Welt.
Ich kann sie zwar nicht sehen,
aber ich weiß, dass sie da sind.
Ich brauche nur mein Radio
einzuschalten,
einen Knopf zu drehen,
und schon habe ich sie eingefangen
und kann sie hören.

Herr, du bist wie die Radiowellen.
Deine Liebe und Fürsorge sind überall am Werk;
denn du bist überall.

Du bist in der ganzen Welt anwesend,
und du bist in mir gegenwärtig.
Wo ich auch bin: du bist ebenfalls dort.

Ich brauche nie ängstlich zu sein,
denn ich weiß dich stets
in meiner Nähe.
Ich brauche mich nur auf dich einzustellen,
dann finde ich deine Liebe
und väterliche Fürsorge.
Meistens aber vergesse ich,
dass du mir so nahe bist.

Gebet bei einem Festessen

Gott, Vater,
schau, wir haben uns versammelt,
und wir freuen uns.
Du liebst unsere Freude
und unsere Feste.
Früher nahm Jesus
am Hochzeitsfest in Kana teil
und freute sich mit allen.
Wir wissen jetzt:
Wenn wir an unsere Brüder denken
und uns mit ihnen freuen,
werden wir glücklich sein.

Jesus nahm einige Brote und Fische.
Er verteilte sie,
und viele Tausend Menschen wurden satt.
Jetzt wissen wir:
Wenn wir unser Essen mit anderen teilen,
wird unser Leib sich freuen,
und wir werden eines Herzens sein.

Jesus ging in das Haus
des Zachäus zum Essen.
Jetzt wissen wir:
Wenn wir zusammensitzen
und mit anderen essen,
werden wir Freunde sein.

Gott Vater, das Essen ist fertig.
Der Geruch ist wunderbar,
und das Wasser läuft uns
im Munde zusammen.
Segne unser Essen.
Mache unseren Leib gut
und unsere Freude groß.
Du bist der Vater von allem;
wir danken dir sehr.

Samoa

Lebensquelle

Gott, du hast uns geschaffen.
Du bist die Quelle des Lebens.
Erbarmender und liebender Gott,
du bist Kraft für die, die schwach sind.
Du bist der Ursprung allen Segens.
Du bist das Licht,
das die Dunkelheit durchdringt.
Wir bitten dich,
dass wir die Gaben des Heiligen Geistes
in unserem Leben erfahren
und aus ganzem Herzen
zu dir beten können.
Amen.

Segen für unser Handeln

Wir haben voneinander gelernt,
wir haben miteinander gebetet
und uns zu gemeinsamem Handeln ermutigt.
Lasst uns nun um Gottes Segen bitten:
Die Gnade unseres Herrn Jesus Christus,
die Liebe Gottes und die Gemeinschaft des Heiligen Geistes
sei mit uns allen, jetzt und in Ewigkeit.
Amen.

Tonga

Schutz bei dir

O Gott, beschütze unsere Küsten vor den Waffen des Todes,
unsere Länder vor den Dingen,
die unseren Kindern Liebe und Freiheit verwehren.
Lass die Meere des Pazifischen Ozeans Botschaften des Friedens
und des guten Willens bringen.
Bewahre uns vor allen unmenschlichen und brutalen Praktiken,
die sich in unserer Mitte breit machen.
Lass jedes Kind schwimmen und frische Luft atmen,
die vom Heiligen Geist erfüllt ist.
O Herr Jesus, segne alle, die inneren Frieden stiften,
der die Schranken des Hasses niederreißt,
und vereine uns mit den offenen Armen deines Kreuzes,
dass alle Menschen in der Welt glücklich zusammenleben mögen.

Bernhard Sill | Reinhard Kürzinger

Vaterunser
Beterinnen und Beter in der Gebetsschule Jesu

Mit ganzseitigen Farbillustrationen von Karin Haslinger.
376 Seiten, gebunden mit Lesebändchen, 17 x 24 cm,
€ 19,95, ISBN 978-3-8306-7444-3

Beten heißt, große Bitten haben dürfen. Wenn es ein Gebet gibt, das diese Wahrheit lehrt, dann ist es das Vaterunser. Der Geist dieses Gebets ist der Geist der Gebetsschule Jesu. Unzählig ist die Zahl derer, denen dieses maßgebende Gebet zum Wegbegleiter ihres eigenen Betens geworden ist. Immer wieder haben Beterinnen und Beter sich das Vaterunser so zu Eigen gemacht, dass sie es buchstäblich »weiter-gebetet« haben. Circa 120 Gebete, die auf diesem Wege entstanden sind, haben die beiden Herausgeber gesammelt.

Unter anderen kommen zu Wort: Abraham a Sancta Clara, Franz von Assisi, Rose Ausländer, Enid Blyton, Ernesto Cardenal, Charles de Foucauld, Dag Hammerskjöld, Ernest Hemingway, Klaus von der Flüe, Gerhard Lohfink, Martin Luther, Karl Rahner, Johann Michael Sailer, Robert Schneider, Pierre Stutz, Karl Valentin, Silja Walter, Bernhard Welte, Jörg Zink.

www.eos-books.com